厚重山西

山西省第三次全国文物普查重要新发现选编

山西省文物局 ◈ 编著

科学出版社

北京

图书在版编目(CIP)数据

厚重山西：山西省第三次全国文物普查重要新发现选编/山西省文物局编著.—北京：科学出版社，2010.6

ISBN 978-7-03-027746-6

Ⅰ．①厚… Ⅱ．①山… Ⅲ ①文物－考古发现－山西省
Ⅳ．①K872.25

中国版本图书馆CIP数据核字(2010)第093627号

责任编辑：闫向东 孙 莉 杨明远 /责任校对：包志虹
责任印制：赵德静 /装帧设计：北京美光制版有限公司

科学出版社 出版
北京东黄城根北街16号
邮政编码：100717
http://www.sciencep.com

北京市京津彩印有限公司印刷
科学出版社发行 各地新华书店经销
*
2010年6月第 一 版 开本：889×1194 1/16
2010年6月第一次印刷 印张：23
印数：1～3500

定价：368.00元

（如有印装质量问题，我社负责调换）

《厚重山西——山西省第三次全国文物普查重要新发现选编》

编纂委员会

《厚重山西——山西省第三次全国文物普查重要新发现选编》

摄影者名单

（按姓氏笔画排序）

卫玉敏	卫金燕	马立新	马博文	马雁飞	王　军	王元明	王安福
王建芳	王春波	王鲁晋	王鹏飞	车国梁	尹　刚	申　健	史　册
史永红	冯元龙	冯美杰	冯锦昌	兰　勇	宁毅峰	吉　森	朱海浩
任青田	任剑星	刘　元	刘树伟	刘秋平	刘洪斌	刘晓东	孙慧琴
李　刚	李　君	李　杰	李　晔	李大斌	李高峰	李智敏	杨　鹏
杨年玉	吴　涛	员新华	狄跟飞	宋文强	张　强	张　鹏	张　慧
张　磊	张庆奎	张爱民	张海雁	陈　雷	陈庆轩	武玉柱	武向军
范胜青	周锋庆	周德俊	郑庆春	赵　波	赵永奇	赵志明	赵国栋
赵建威	赵鹏图	段明月	姜　杉	秦　明	秦永进	秦建新	秦秋红
秦雪松	高　峰	高永杰	高建新	高继平	郭　英	郭　峪	郭守俊
郭俊卿	郭家龙	黄　海	曹　军	常红川	常原生	崔　凯	崔利民
崔国标	崔海平	梁宪亮	梁晋平	梁智玮	董　杰	韩　革	韩利忠
程　勇	傅　勇	潘　磊	霍建民	檀志慧	魏　涛		

序

第三次全国文物普查，是我国文物保护史上首次由国务院部署的一项重大国情国力调查，也是当前我国最大规模的文化遗产保护工程。

根据国务院统一安排，2007年10月至2009年12月为第三次全国文物普查的第二阶段，主要任务是以县域为基本单元，实地开展文物调查和信息数据登录工作。在全省各级政府的高度重视、有关部门的全力配合和社会各界的关心支持下，经过全省三级普查机构和普查队员的共同努力，到2009年底，我省“三普”实地调查登录阶段工作顺利结束，共登录不可移动文物55466处（不包含长城调查数据），其中新发现37737处，复查17729处，取得了丰硕成果。

第三次全国文物普查的一个重要内容，是根据文化遗产保护事业发展的需要，将新的文化遗产品类纳入普查范围，扩大文物保护工作范畴，因此也赋予文化遗产保护以鲜明的时代特色，对实施文化遗产保护战略转型、促进文化遗产全面、有效保护将起到十分重要的作用。为充分展示我省第三次全国文物普查田野实地调查阶段取得的重要成果，省“三普办”从全省登录的近40000处不可移动文物中，遴选出部分具有代表性的重要新发现，编印成书。这些重要的新发现，有些虽不及已公布为国家级、省级保护单位的古建筑、大遗址那样恢宏壮观，也不如国家级、省级保护单位那样声名远播，但我们将会十分欣喜地看到，工业遗产、乡土建筑、文化景观、老字号以及20世纪遗产等新型文化遗产的大量发现，极大地丰富了我省的文化遗产资源宝库，为我省建设文化强省提供了坚实的支撑。

本书的出版既是我省“三普”工作成果的展示，也是全体普查队员辛劳和智慧的体现。希望本书的出版，能够进一步激发全体普查工作人员的热情，推进第三次全国文物普查工作，同时也能够进一步提高社会大众、尤其是各级领导干部的文物保护意识，繁荣发展文物保护事业，为建设文化强省、全面实现“三个发展”战略目标、促进我省经济社会又好又快发展，做出新的更大的贡献！

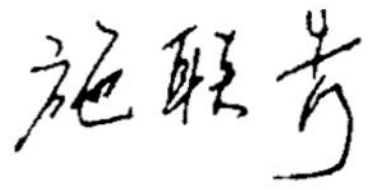

2010年3月

FORWORD 前言

山西向来以文物大省而闻名全国。平遥古城、云冈石窟、五台山先后列入世界文化遗产名录，271处全国重点文物保护单位，428处省级重点文物保护单位和6000余处县级文物保护单位，5座国家级历史文化名城，107个国家级、省级历史文化名镇名村，以及录入《中国文物地图集・山西分册》18642处不可移动文物，处处彰显文物大省的文化底蕴和内涵。

2007年以来开展的第三次全国文物普查，是在20世纪80年代“二普”以后对不可移动文物的又一次大盘点。经过三年的艰苦工作，实地文物调查取得令人欣喜的成果。不包含长城调查数据，全省共登录不可移动文物55466处，其中新发现37737处，复查17729处。新发现内容丰富，类别齐全，涵盖了古遗址、古墓葬、古建筑、石窟寺及石刻、近现代重要史迹及代表性建筑和其他6大类，56个小类（本书涵盖43个小类）。“三普”在传统的历史文化遗产门类基础上，新增了工业遗产、农业遗产、商业遗产、乡土建筑、文化景观以及20世纪文化遗产等内容。在完成野外调查登录工作阶段后，为了让社会各界及时了解普查情况，分享普查工作成果，省“三普办”精选了263处古代和近现代遗存，集结成《厚重山西——山西省第三次全国文物普查重要新发现选编》一书，展现了普查新发现的重要成果。

山西地下遗存丰富，这次普查，覆盖了15个遗址小类。内容主要涉及旧石器时代的洞穴遗址、旧石器出土点、新石器时代至辽金的聚落遗址、古代冶炼遗址、寺庙遗址、交通道路和军事设施遗址等，从而延展了古遗址的文化概念，丰富了古遗址的文化内容。晋城地区新发现新石器时代至夏商时期的古遗址，填补了这一地区史前文化遗址的空白。商代中期遗址在以往晋南地区极为少见，曲沃县西周村商代中期遗址为研究晋南地区商代中期文化提供了重要实物资料。灵丘县新发现的明清时期刁泉冶铜遗址和枪头岭冶银遗址，对认识古代工业格局、生产规模和技术水平具有很重要的意义。

新发现的古墓葬虽然数量不多，但大部分却具有鲜明的时代特征和研究价值。如：永和县榆林只墓群和汾西县沟堡墓群，为研究西周文化增加了新的课题。尤其是翼城县新发现的大河口墓群，是一处西周时期的霸国墓地，出土了丰富的青铜器、玉器和陶器，为研究西周封国文化提供了重要内容。分布在全省各市明清时期的家族墓地，对研究明清时期家族葬制和地方礼俗提供了新的资料。平遥明代进士田寿墓，其墓塔形制特殊，造型秀巧，文化意蕴深厚。永和县的北庄崖墓，利用崖壁上的天然石洞作墓室，在山西尚属首次发现，为研究北方崖葬制度提供了宝贵资料。

“中国古代建筑宝库”、“地面建筑博物馆”，是史学界对山西古代建筑的美誉。山西是国内古建保存较多的省份，城池、衙署、民居、戏台、寺观、庙堂、楼阁、塔、桥梁以及其他军事防御设施等各个时期的古建筑数以万计，各具特色。新发现的泽州县金代的济渎庙、长子县元代紫微庙，为研究山西早期建筑增加了新的资料。五台县胡家庄花塔是一座六角形单层佛塔，造型独特精美，为现存为数不多的金代砖塔精品之一。广灵县圣佛寺塔林，现存舍利塔16座，多为喇嘛式砖塔，是一种异于唐宋塔的全新造型。新发现的戏台建筑千姿百态，雕饰华丽，多建于明清时期，许多戏台的演出题记保存完好。宅第民居是普查新发现的亮点，各地的特色民居，呈现出多样的文化风景。绛县柴家坡民居建于明代万历年间，在布局上仍保持明代的风格，结构古朴，雕饰精美。宁武县悬空村建在海拔2000多米的悬崖绝壁上，房屋的前部以木桩支撑伸出崖外，整个村落犹如悬于空中，极为壮观。晋中市后沟古村落，民居多为清代至民国时期的窑洞式建筑，形制为砖窑三合院、四合院和独立式窑洞，砖、木、石雕十分精美。太原店头村明清时期民居依山而建，结构独特，功能齐全，颇具价值。分布在平陆和芮城一带的地窨院，是黄土高原特殊环境下形成的一种居住形式。广灵县建于清代的“北斗七星院”，七个院落呈北斗七星状，匠心独具，设计精妙，在当地被誉为又一处“乔家大院”。

山西石窟造像源远流长，自北魏皇家开凿云冈石窟以来，历经数代而不衰。此次文物普查新发现了一批小型石窟及摩崖造像，其中有不少精品。如北齐时期的太谷县燃灯石塔、高平市七佛山石窟、新绛县张家庄摩崖造像、五台县清水河摩崖造像、西沟村石刻经文等。这些新发现更加丰富了我省的摩崖石窟资料，在展露其艺术风采的同时，也尽显出历史的厚重与沧桑。

在中国近代历史上，山西的地位举足轻重。这次新发现数以千计的近现代文化遗产，反映了山西人民近百年来反封建专制、抗击外来侵略的艰苦历程，见证了这片古老的黄土地走向现代化的艰难步履。山西近现代重大历史事件发生，如戊戌变法，辛丑西狩；晋商崛起，票号兴盛；辛亥风云，迎泽首义；工业起步，路矿保晋；教育救国，实业兴晋；八年抗战，村政建设……均有史迹留存。

民国初期，山西作为现代化建设的模范省，有着丰富的近现代工业文化遗存。这些遗存记录了时代的变迁，标志着近现代化的进程。阳泉简子沟煤矿生产线旧址，开山西近代工业之先河，阳泉城亦由此崛起。新绛大益成纺纱厂和榆次晋华纺织厂，见证了中国最早的民族工业艰辛的发展史。平朔安太堡露天煤矿作为当时世界上最大的露天煤矿，也是中国实行“对外开放”

的早期象征，意义重大。太钢渣山公园，是太钢人改造环境的典范之作，荣获联合国“全球500佳”金奖。

三晋的金融商贸、老字号、文化教育、医疗卫生、交通水利、军事设施、特定时期与典型风格建筑，以及文化景观等品类的文化遗产，也有重要新发现。汾西县安集祥当铺、洪洞宁丰号商铺、太谷祥记货栈等，历经沧桑，往日的兴盛仍依稀可辨。洪洞普润中学、清徐西谷学堂和五台槐荫两级学校等都是山西近代教育史的重要见证。芮城大禹渡电灌站如今还在造福一方。宽阔笔直的迎泽大街，蜿蜒起伏的太旧高速公路，寄托着山西人的交通梦想。锡崖沟挂壁公路，是锡崖沟全村800余人用30年时间，在北部的王莽岭绝壁上凿出的一条明暗相间、全长7.5千米的公路，堪称世界奇迹。建于1952年的潞城县人民大礼堂风貌依存，继续发挥着政治文化功能。山西大学的毛主席塑像、左云玉奎堡的“忠”字照壁、大同南郊米庄的“忠”字牌坊、榆次杜家山的知青点，都是特殊历史时期留下的印记。昔阳县大寨村的农田建设、清徐古葡萄园的曲根虬枝，均为山西农业生产的典型遗存。偏关老牛湾的人文景观，则为自然风光和人文名胜交相辉映的奇观。

文化遗产是我省重要的文化资源，在全省经济社会发展中日益发挥出独特的作用。省委、省政府高度重视文化遗产保护事业和第三次全国文物普查，各级政府成立了专门的领导机构，投入普查经费5000万元，1500多名普查队员踏遍了山西的山山水水，社会各界特别是人民群众和新闻媒体给予了极大的支持和关注。在本书付梓之时，我们向高度重视第三次全国文物普查的各级党委、政府、向积极投身普查工作的文物工作者和社会志愿者、向关心支持普查工作的社会各界和人民群众，表示崇高的敬意和真挚的谢忱！

厚重山西 · 山西省第三次全国文物普查重要新发现选编

CONTENTS 目录

（古代/ 162　近现代/ 97　其他/ 4　共263处）

古遗址

坛庙祠堂

牌坊影壁

亭台楼阙

寺观塔幢

桥涵码头

池塘井泉

其他古建筑

石窟寺及石刻

石窟寺

摩崖石刻

近现代重要史迹及代表性建筑

工业建筑及附属物

金融商贸建筑

中华老字号

水利设施及附属物

文化教育建筑及附属物

医疗卫生建筑

军事建筑及设施

交通道路设施

典型风格建筑或构筑物

其他近现代重要史迹及代表性建筑

其他

古遗址

其他古遗址

寺庙遗址

军事设施遗址

驿站古道遗址

矿冶遗址

窑址

城址

聚落址

洞穴址

洞穴址

丈河洞穴遗址

位于陵川县附城镇丈河村北50米处。洞穴所在山体为石灰岩质，洞穴前为廖东河，洞口前荆棘丛生。洞口宽15米左右，高2～7米，进深10米左右，高出现今河床约25米。洞内地层堆积中发现部分石制品，类型有石片、石核；石制品原料为砂岩。属于旧石器时代晚期洞穴遗址。该遗址的发现对研究太行山西麓旧石器时代晚期文化分布和面貌具有一定的意义。

1 | 2/3

① 丈河洞穴遗址
② 遗址洞口
③ 采集石片

聚落址

沟尔里遗址

位于襄汾县新城镇沟尔里村东300米处。南北长180米，东西宽130米，分布面积约2.3万平方米。遗址地处台地之上，在南侧断崖处暴露出两座灰坑。在灰坑和地表采集到新石器时代仰韶文化的泥质红陶黑彩罐、泥质红陶尖底瓶、泥质红陶弦纹小口壶、夹砂红陶绳纹罐等残片；另外还采集到两件石器。这是一处文化遗物较为丰富的新石器时代遗址。

1 | 2 / 3

① 沟尔里遗址
② 采集石器
③ 采集陶片

1 | 2 3

① 李庄遗址
② 文化层
③ 采集标本

李庄遗址

位于泽州县川底乡和村李庄自然村东南约100米，长河西岸一块东高西低的台地上。遗址南北长约450米，东西宽约200米，分布面积约9万平方米，遗址断崖上暴露有文化层和灰坑。文化层厚约2米，内含遗物丰富。采集陶片有泥质红陶、泥质红褐陶、泥质灰陶、夹砂灰陶，纹饰有粗绳纹、细绳纹、划纹、旋纹等。可辨器形有新时期时代的盆、夏商时期的侈口罐、鬲、壶、钵等。

南西河遗址

位于浮山县张庄乡南西河村北30米处。遗址地处台地之上，分布面积约4万平方米。在遗址南部断崖上暴露出一座灰坑。地面及灰坑采集到新石器时代庙底沟文化的泥质红陶细线纹小口尖底瓶、红陶黑彩钵、泥质红陶盆、附加堆纹盆、泥质红陶罐等残片。这是一处包含遗物丰富，时代特色鲜明的新石器时代遗址。

1 | 2
3

① 采集小口尖底瓶残片
② 采集彩陶钵残片
③ 南西河遗址全景

上静游遗址

位于娄烦县静游镇上静游村西1000米处。东西长370米，南北宽300米，分布面积11.1万平方米。在断面上发现了灰坑和11处白灰地面房屋基址，白灰面平均厚0.02米。遗物有仰韶文化彩陶片；龙山文化篮纹陶片，绳纹陶片；可辨器型有罐、豆等。该遗址分布面积大，大量房址和陶片的发现，表明该区域在新石器时代龙山文化时期曾经存在一个大型聚落群。该遗址的发现，极大地丰富了吕梁山东北区域、汾河沿岸新石器时代聚落考古的材料。

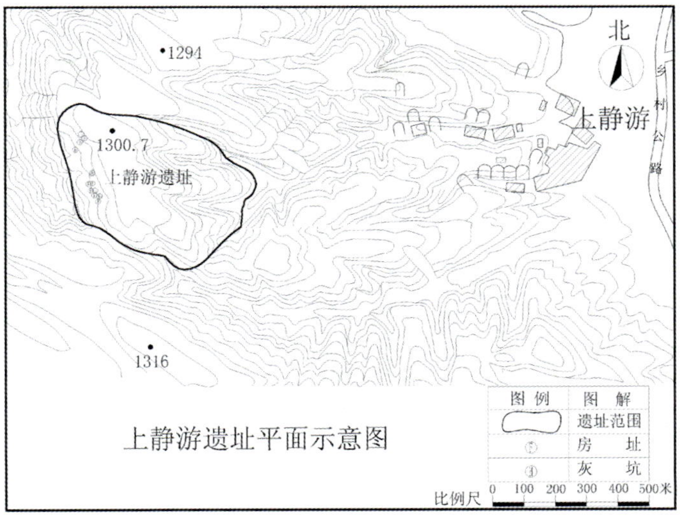

① 房址白灰地面
② 采集陶片
③ 上静游遗址平面图
④ 上静游遗址

石佛沟遗址

位于稷山县太阳乡石佛沟村东北500米，其东、西两侧各临一季节性河沟，南为耕地，北临深壑。遗址南北长600米，东西宽200米，面积12万平方米。文化层厚0.8～1.2米，包含新石器时代、西周和东周时期的文化遗存。现在断崖上仍可清晰地看到灰坑、陶窑等遗迹。遗物有仰韶文化庙底沟类型的泥质红陶黑彩三角纹钵；龙山文化的夹砂灰陶附加堆纹罐、绳纹斝和夹砂红褐陶附加堆纹罐；西周时期泥质灰陶盘豆和夹砂灰陶绳纹鬲；东周时期的泥质灰陶绳纹罐、盆、盘、瓶和豆等残片。该遗址是一处分布面积大，时代延续长，遗迹遗物丰富的重要遗址。

1 | 2
3

① 采集陶片
② 断崖上暴露的窑址
③ 石佛沟遗址

跃上遗址

位于洪洞县堤村乡跃上村西南50米处、汾河西岸台地上，东、北、南三面环沟。分布面积约3万平方米。在遗址南部断崖上暴露出0.5～1米厚的文化层。采集有新石器时代庙底沟文化的泥质红陶细线纹尖底瓶、黑彩宽带纹陶片；东周时期的泥质灰陶豆、鼎等残片。该遗址对研究汾河两岸新石器时代及东周时期文化面貌和分布情况提供了新的材料。

① 跃上遗址远景
② 采集东周时期陶片
③ 采集新石器时代陶片

闹市西遗址

位于代县上馆镇闹市村西100米的滹沱河北岸台地。面积约14万平方米，文化层厚0.3～1.2米。采集到新石器时代夹砂红陶和灰陶片，多饰绳纹，可辨器形有鬲、瓮等；东周时期青铜器残片和泥质灰陶片，陶片多饰绳纹和弦纹，可辨器形有豆、壶和扁壶等。遗址的发现为研究滹沱流域新石器时代和东周时期文化面貌及分布情况提供了新的资料。

1 | 2
3 | 4

① 采集东周时期陶片和青铜器残片
② 采集新石器时代陶片
③ 远景
④ 灰坑

后甘露河遗址

位于永和县芝河镇后甘露河村西北1千米处。东西长190米，南北宽80米，分布面积约1.5万平方米。遗址位于西高东低的坡地上，东南部断崖可见灰坑等遗迹。在灰坑内及地表采集到新石器时代仰韶文化晚期的夹砂灰陶绳纹罐口沿、泥质灰陶细线纹尖底瓶、夹砂灰陶附加堆纹绳纹甗、泥质红陶篮纹罐等器物残片。该遗址遗物丰富，为研究黄河东岸、吕梁山区新石器时代中晚期文化又增加了新的材料。

1 | 2
3

① 灰坑
② 采集陶片
③ 后甘露河遗址

尹回遗址

位于平遥县岳壁乡尹回村东南约200米处。地处尹回水库南岸台地上。分布面积约3万平方米。东部断崖上暴露有厚约1.2米的文化层。采集到新石器时代仰韶文化晚期泥质红陶钵、小口罐、盆和泥质红陶刻画纹罐等残片；庙底沟二期夹砂灰陶绳纹、附加堆纹罐、缸、甑以及泥质灰陶篮纹小口罐、盆、素面钵；夏时期的夹砂灰陶鼎；战国时期泥质灰陶豆、夹砂灰陶绳纹鬲等残片。是一处延续时间长，文化层堆积厚，遗物非常丰富的遗址。

① 尹回遗址
② 地表暴露陶片
③ 采集仰韶文化陶片

1 / 2 | 3
① 侯家庄遗址
② 白灰面房址
③ 采集遗物

侯家庄遗址

位于祁县峪口乡侯家庄村东200米处。地处北高南低的台地上，分布面积约2万平方米。西部断崖上可见有白灰地面房屋基址、灰坑等遗迹。房址长约5米，白灰面厚约0.003米。采集有新石器时期龙山文化的泥质灰陶绳纹平口瓮残片，夹砂灰陶绳纹附加堆纹陶片，泥质灰陶篮纹、素面陶片等。该遗址的发现，对研究太原盆地东缘文化遗存提供了新的资料。

1 | 2
3
① 文化层
② 采集陶片
③ 神地遗址

神地遗址

位于寿阳县马首乡肥村南50米的神地台地上。南北长200米，东西宽100米，分布面积约2万平方米。在断崖上暴露有文化层，厚约0.5～1米，采集有新石器时代龙山文化的夹砂灰陶绳纹罐，泥质灰陶篮纹盆、罐等残片。这是一处文化特色鲜明的新石器时代遗址。

1 | 2 | 3

① 采集陶器足
② 采集陶片
③ 兰岗遗址

兰岗遗址

位于太原市尖草坪区向阳镇兰岗新村西北300米的台地西部。南北长400米，东西宽250米，分布面积约10万平方米。在遗址地表采集有夏商时期的泥质灰陶和夹砂灰陶陶片，器表多施粗细不一的绳纹、弦纹，可辨器形有罐、鬲、鼎等。这是一处占地面积较大、包含遗物丰富、时代特征明显的商周时期重要遗址。

独堆遗址

位于汾西县永安镇独堆村西20米处。东、西、南三面环沟。分布面积约10万平方米。属西周时期和汉代文化遗存。西部断崖上暴露文化层，厚0.5～1米。采集有西周时期的泥质灰陶罐、人面纹陶器和汉代泥质灰陶罐等残片。该遗址遗物丰富，器形特殊，特别是西周早期文化遗存，对研究晋南地区汾河两岸西周早期文化面貌提供了实物资料。

① 独堆遗址
② 文化层
③ 采集人面纹陶器
④ 采集陶片

金井遗址

位于万荣县荣河镇金井村南台地上。东西约500米，南北约200米，分布面积约10万平方米。遗址文化层厚1～3米，在南侧断崖上发现灰坑和新石器时代白灰面房屋基址等遗迹。地表散落有西周时期的夹砂灰陶绳纹鬲足；东周时期泥质灰陶绳纹罐口沿、泥质灰陶素面陶片；汉代泥质灰陶素面盆口沿、泥质灰陶素面罐口沿等。这是一处遗址范围大、文化层堆积厚、延续时间长、遗迹遗物非常丰富的遗址。

1 | 2
3

① 灰坑
② 采集陶片
③ 金井遗址

城址

南阳城址

又名南阳堡、高欢寨，位于稷山县稷峰镇南阳村北约1千米处。据清康熙四十七年（1708年）版《平阳府志》载：“东魏高欢筑，与西魏韦孝宽对敌处，南隔汾河与玉壁城相望。”城址平面呈“凸”字形，东西长320米，南北宽215米，面积6.9万平方米。城墙为夯筑，夯层厚0.23米。现存墙体宽5～8米，高12米。东墙中部设砖券城门，高3米，宽2.3米，进深8.8米。后世沿用时间较长，墙体保存较好。

1 | 2 / 3

① 砖券城门
② 南墙
③ 北墙

窑址

老窑头瓷窑址

位于河津市下化乡老窑头村中，老窑头至下化公路旁的山沟之间，周围民居依山而建，呈阶梯状，遗址东500米为老窑头煤矿。东西长700米，南北宽80米，面积5.6万平方米。地面散布大量瓷碗片、陶瓷和碗笼。据村民介绍和遗留瓷片推断，该窑址从清代早期至20世纪50年代，一直烧制黑釉瓷碗。现存一座窑址基本完整，形制为馒头状，窑门宽0.65米，高1.1米，窑高6.4米，周长15.7米。该窑址的发现对研究本地当时的瓷器生产流程和烧造工艺提供了珍贵的实物资料。

1|2 ① 发现标本
② 现存馒头状碗窑

刘官庄窑址

位于浑源县黄花滩乡刘官庄村西20米。该窑址创烧于清代，一直续烧到20世纪70年代。窑址东西长150米，南北宽200米，分布面积约3万平方米。以烧制罐、缸、瓮等日常用器为主；釉色有黑釉、酱釉、青釉、白釉等。现存石砌半倒焰窑炉7座、作坊建筑6座。该窑址是中国北方传统手工烧制瓷器的实物见证。

1 | 2/3

① 刘官庄窑址
② 采集瓷片
③ 石砌窑炉

矿冶遗址

刁泉冶铜遗址

位于灵丘县柳科乡刁泉村西南的西山山麓，俗称铜厂。遗址南北长400米，东西宽70米，分布面积2.8万平方米。黑褐色矿渣依山堆成3座渣山，最高达40～50米。据地方文献记载，当地冶铜历史最早可追溯到唐末。该遗址规模较大、堆积较厚、延续时间长，是研究山西省金属冶炼史的宝贵资料。

1 | 2/3
① 刁泉冶铜遗址
② 铜渣山
③ 铜渣山堆积层

枪头岭冶银遗址

位于灵丘县柳科乡枪头岭村东尖山山麓。分布面积约3万平方米。矿渣依山而堆，最厚处达10米。山脚下和村庄内外随处可见有大量高岭土制作的圆柱筒残件，还有碾矿石用的石磨盘、石碌碡等。据村中义勇庙碑载，当地最晚在明代已经开始土法炼银。该遗址为研究冶银技术和冶银史提供了实物资料。

① 枪头岭冶银遗址
② 石碌碡
③ 废渣
④ 坩埚
⑤ 废渣堆

驿站古道遗址

金龙峡古栈道

位于浑源县永安镇唐庄子村南1.5千米处。在唐峪河金龙峡口、恒山天峰岭与翠屏山峡谷间峭壁上。据《浑源县志》记载，开凿于北魏时期，明清时期均有修葺。现存古栈道位于金龙峡东西两侧山崖峭壁上，为南北走向。凿崖插木，飞架栈道，现在木构已毁，仅存栈道插孔。东崖壁现存古栈道约200米，崖壁上现存明清时期摩崖题刻“清气”；西崖壁现存古栈道约80米，崖壁上现存明清时期摩崖题刻“奇观”。该栈道以其险要、奇特而成为重要的线性文化遗产。

1 | 2/3
① 金龙峡古栈道
② 摩崖题刻
③ 东侧栈道插孔

庙前山驿道

位于太原市晋源区晋源街道办事处要子庄西北庙前山。据地方文献记载，是古代晋阳通往清徐、古交的驿道。驿道现存长约1500米，宽约2米，东西走向，有人工开凿和砌筑台阶痕迹。驿道北面山崖上有宋代摩崖石刻，有北宋政和三年（1113年）、政和四年（1114年）题记，记载了当地村民祈雨、贺雨等内容。驿道保存距离较长，题记明确，对研究古代晋阳与周边地区的交通、交流情况具有一定意义。

1 | 2 | 3

① 摩崖题刻
② 摩崖题刻
③ 庙前山驿道

方山栈道

位于芮城县大王镇前坪村后坪自然村后方山主峰西侧，俗称“跑马辿（chan）”。栈道呈东南—西北走向，长约1千米，最窄处0.5米，最宽处4米。栈道沿途有望盐洞、莲花池、摩崖题记、石屋等遗迹。在栈道中段摩崖题记中有“至元三年三月初六日”（1266年）等纪年，可知在元代此栈道已经存在。方山栈道是一处重要的线性文化遗产。

1 | 2/3
① 方山栈道
② 刻石题记
③ 中段崖壁题记

西口古道

位于右玉县杀虎口村西。古道始建于明代，北起通顺桥，南至杀虎堡西门，西北—东南走向，全长约1千米，宽5.5～7米，占地面积约6500平方米。路面为石板铺砌，部分石板路面车辙痕深0.05米。西口古道——杀虎口是明清至民国时期客商往来于中原内地与西北口外之间的必经之路，是历史上繁忙商贸往来和密切文化交流的见证。

1 | 2 / 3

① 西口古道——杀虎口
② 西口古道
③ 路面车辙印痕

四十里铺驿道

位于大同县周士庄镇四十里铺村中。现存驿道长500米，宽6米，路中存清代石券小桥一座，路南存清代店铺一处，名“富德店”，路北存明代建四十里铺关帝庙、四十里铺堡址。四十里铺驿道是明清时期北京通往大同的主要交通路段，对研究古代交通史有重要价值。

1 ① 四十里铺驿道
2 ② 驿道上小桥

碾槽沟驿道

位于浑源县蔡村镇碾槽沟村北2.2千米的夜壶岭上。时代不详，南北走向，现存长约180米，宽1.9米，碾槽深约0.05～0.2米。碾槽沟驿道是古代大同通向浑源的古驿道支线。

1 ① 碾槽沟驿道
2 ② 碾槽沟驿道

军事设施遗址

大堡堡址

位于山西右玉县新城镇大堡村南500米大堡旧村中，为明代所建，分布面积2500平方米，平面50米见方。墙基宽度2～4米，残高8米。墙体为夯筑，夯土层厚0.15～0.20米。设南门，四角各存角台一座，突出墙体6米，角台底宽8米，残高8米，东南角台部分坍塌。堡内西北角设马道，宽2米，长12米。

2
3
1 4

① 远景
② 内景俯视
③ 大堡
④ 堡址西北角马道

盛家庄堡址

位于天镇县张西河乡盛家庄村东南约50米。明代修筑。平面呈方形，面积约1600平方米。墙体夯筑，堡墙东北角和西南角各设马面一座。东墙原有一门，已毁。堡址内外皆为耕地。为明代长城附属设施之一。

① 盛家庄堡址
② 马面

摩坷岭上党关驿站遗址

位于屯留县西流寨开发区黑家口村西摩坷岭山顶。属明、清时期的关隘遗存。现存驿站遗址与青石古道。驿站遗址坐北朝南，面积约347平方米，包括石砌北窑一孔、南房基址与后壁、石砌六角井一口、石砌月亮门一座。门前为青石古道。山腰尚存3千余米长的古道。该遗址是了解明、清时期驿道交通设施的重要实物资料。

1/2 ① 遗址 ② 关墙

李家寨堡址

位于天镇县逯家湾镇李家寨村西。明代修筑。平面呈长方形，面积约9600平方米。墙体夯筑无包砖。四角设角台，南、西、北墙中部各设马面一座；东墙原有堡门，已毁。堡内有窑洞残迹。堡址保存完整，对研究明代长城沿线军事设施提供了实物资料。

1/2 ① 李家寨堡址 ② 南墙

王屯堡堡址

位于大同市新荣区破鲁乡王屯村南。明代修筑，夯筑堡墙，东西宽约78米，南北长约81米，面积约6300平方米。现存堡墙基宽约11米，顶宽0.5～3米，高8～10米，夯层厚0.14～0.20米。四角设突出的角台。是一座保存比较完整的明代长城沿线小型军堡遗存。

王屯堡堡址

周村烽火台遗址

位于霍州市师庄乡周村东北约1千米的高台地上。烽火台四周环沟，呈方锥形台体，底边长9米，台高约12米；台体夯筑，夯土层厚0.15米，为明代太原府至平阳府主干驿道上的防御和通讯设施之一。

周村烽火台遗址

笊篱寨寨址

位于大宁县徐家垛乡李家垛村笊篱圪把山顶。创建于明末。南、西、北三面峭崖，下临昕水河。东面筑寨门，内建院落5处，石窑61孔。寨址扼守险要地形，清同治九年（1870年）曾作防御捻军兵营。该寨址保存较好，对研究明清时期黄河沿线军事防御具有一定价值。

① 东寨门
② 笊篱寨寨址

保宁寨寨址

位于阳城县驾岭乡护驾村南中华山西麓。坐北朝南，依山势而建，平面呈椭圆形，面积约1200平方米。青石砌筑墙体，石券寨门。门额楷书“保宁”、“康熙岁次乙卯（1675年）仲春吉旦合村立石”题记。该寨址占据险要地势，且修筑较为精致，为当地居民躲匪患、避战乱的场所。

1/2 ① 寨门题刻
② 保宁寨寨址

迁善庄寨址

位于太谷县侯城乡范家庄村东北500米青龙寨山峁上。建于清咸丰年间，光绪二十二年（1896年）大修，光绪二十五年（1899年）部分重修，是北洸村富商曹家所建的避暑山庄，名“迁善庄”。山庄坐北朝南，占地面积5000平方米。沿山势建围墙，墙高10～15米。共有8个院落，依地势而建，高低错落；房屋均由条石砌筑成石窑，现存33孔，庄门一座，基本保留原有格局。该寨址兼备避暑与防匪功能。

1 ① 近景
2 ② 全景

西关口平天堡址

位于太原市尖草坪区柏板乡西关口村西约1千米山峁上。建造年代不详。黄土夯筑，平面呈椭圆形，周长172米，堡墙残高3.6～12米，顶部厚约1.5米，夯土层厚0.1～0.26米。西北堡墙中段设瞭望台，南墙开石券过洞式堡门，堡内四周有暗堡，为古代村民防御匪患之用。

1 | 2/3

① 西关口平天堡址
② 堡门
③ 暗堡

寺庙遗址

童子寺遗址

位于太原市晋源区晋祠镇西镇村西约2.5千米的琉璜沟内。始建于北齐天保七年（556年），现存北齐、明代时期建筑基址。寺院坐西朝东，分为南北两部分，总面积2176.5平方米。北部为北齐大佛前的佛阁遗址，佛阁依山而建，墙体为北齐时条石砌筑，唐代增筑护墙；南部为明代寺院遗址，现存石砌院墙和北配殿两孔石砌窑洞遗址。寺院西南山崖上还存有3窟佛龛，佛像风化较严重。童子寺延续时代较长，并且石窟、佛阁和寺院并存，是少见的类型齐全的寺院遗址。

1 | 2/3

① 童子寺遗址
② 佛阁基址
③ 寺院基址

乔山黄帝庙遗址

位于曲沃县杨谈乡义合庄村北约3千米的乔山上。创建及毁弃年代不详，现存为明、清遗存。东西79.94米，南北30.7米，占地面积2454平方米。坐北朝南，依山势而建。大殿居中，两侧分布有东西配殿及北厢房。大殿由砖石砌券而成，面宽三间，内砌枕头窑，窑顶部已塌毁，仅存四壁；石砌而成的配殿也已塌毁；大殿西侧有一石砌八角井。该庙宇是祭祀人文初祖黄帝的庙宇。

① 山门基址
② 配殿基址
③ 正殿基址

殿山 兴国寺遗址

位于浑源县南榆林乡东圪坨村西的殿山山顶。始建于唐代，现为明代遗存。现存有石砌窑洞及砖石雕刻等。兴国寺几乎全部为大小不等的石块所砌造，用料特别。该寺院遗址基本布局保存完整。

① 殿山兴国寺遗址
② 建筑基址
③ 山门基址

其他古遗址

前窑遗址

位于平陆县曹川镇前窑村西南1.5千米中条山南麓，地处黄河北岸丘陵地带。在红色土层内发现有石核，原料为石英岩，文化时代为旧石器时代早期。该遗址的发现，对认识了解这一地区旧石器时代早期文化的分布和面貌具有重要的意义。

$\frac{1}{2}$ ① 采集的石核
② 前窑遗址

料场遗址

位于芮城县阳城镇料场村东约1.5千米的丘陵地带。在锈黄色沙层内发现有石制品和动物化石。石制品有石片、石核等，原料为脉石英和砂岩等；动物化石数量较多，石化程度很高。属旧石器时代早期。该遗址遗物丰富，类型多样，为研究黄河北岸、中条山南麓区域内旧石器时代早期文化面貌又提供了新的材料。

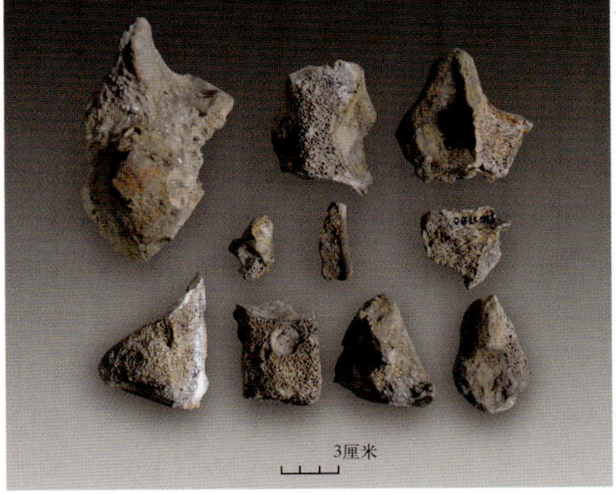

① 料场遗址
② 采集化石

郭家寨遗址

位于五台县阳白乡郭家寨村西北约50米的艮河二级阶地，北距五台山南禅寺约400米。文化层厚0.2～0.4米，采集石制品有石片、石核，原料以乳白色的石英岩、石英砂岩为主，属旧石器时代晚期。该遗址遗物丰富，堆积集中。

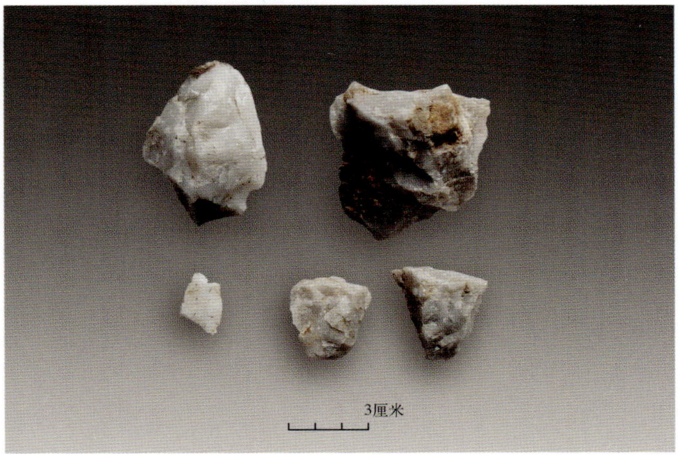

1 | 2 | 3 | 4

① 郭家寨遗址
② 采集石制品
③ 采集石制品
④ 文化层

朱东社遗址

位于原平市东社镇朱东社村南约1千米的季节河流阶地上。采集石制品有石核、石片等，原料为石英岩。文化时代为旧石器时代晚期。

① 朱东社遗址
② 采集石制品

润城遗址

遗址位于阳城县润城镇润城村东南约500米沁河三级阶地上。在黄色土层中发现有石片、石核、碎屑等类型的石制品，原料为黑色燧石，是优质的打制石器原料。属旧石器时代晚期，文化面貌属下川文化类型。

1 | 2
3

① 文化层
② 采集石片
③ 润城遗址

杜庄遗址

位于大同县杜庄乡杜庄村东北约1千米的石板沟季节河岸边。在厚约1米的灰白和灰黄色砂质黏土层发现有石核、石片和刮削器等类型的石制品和化石，石制品原料为乳白色脉石英、石英岩和杂色燧石；化石比较破碎，但发现有完整的啮齿类头骨化石。属旧石器时代晚期。该遗址对研究泥河湾盆地西部旧石器时代晚期文化的分布和面貌有重要意义。

① 杜庄遗址
② 采集石制品
③ 采集啮齿类头骨化石

1 ① 出土瓦当
2 ② 平城太官仓遗址

平城太官仓遗址

位于大同市城区操场城街东侧大同四中北面。又称操场城2号遗址，为一处汉、北魏、辽金、明、清时期的遗址。遗址东西长213米，南北宽53米，分布面积约1.13万平方米。在北魏时期地层中自西向东排列4个半地穴式圆形粮仓建筑基址，内侧砖砌，外侧夯筑，个别粮仓底部仍残存已经炭化的谷子和小米，还出土了筒瓦、板瓦和瓦当等建筑构件和陶罐、陶壶等生活用具。该遗址应为北魏时期太官仓遗址。

古墓葬

其他古墓葬

普通墓葬

名人或贵族墓

名人或贵族墓

大河口墓群

位于翼城县隆化镇大河口村东北200米。分布面积约10万平方米，是一处西周时期的霸国墓地。墓葬为土坑竖穴，另外还有车马坑。目前已发掘，出土有青铜鼎、甗、簋、爵及玉器、陶器等。此墓群对研究西周时期晋南地区的封国及其与晋国的关系具有非常重要的价值。

1 | 2 / 3

① 大河口墓群
② M1017俯视
③ 出土青铜器

田寿墓地

位于平遥县朱坑乡西善信村南。田寿（?～1626年），明代进士。墓坐北朝南，分布面积约370平方米，地表存砖砌墓塔一座，墓塔占地面积6平方米。墓塔为圆形，十七层实心砖塔。由塔基、塔身、塔刹三部分组成。通高约15米，塔基平面八边形，边长1.1米，塔身平面圆形，第9、10层之间南面雕有仿木构砖雕门楼三间，中间嵌有石碣一方，字迹漫漶不清。两侧刻男女侍童各一尊，塔顶设仿木构砖雕额枋，一斗二式交耍头斗拱，上置宝珠塔刹，塔南侧地表立明天启五年（1625年）二月田寿公墓碑一通，碑文记载墓主生平。该墓塔形制特殊，具有历史和艺术价值。

1 | 2/3
① 墓塔
② 墓塔塔刹
③ 墓塔局部

李正禄家族墓地

位于交口县回龙乡陶上村谢思气自然村东约150米。李正禄（？～1856年），字康吉，清道光年间隰州富商。墓地占地面积约1500平方米，封土无存，地表现存碑楼两座。其中一座为砖雕碑楼，高达5.9米，内嵌清咸丰六年（1856年）石碑3通，记述李正禄生平。另一座青石质碑楼较小，内嵌清咸丰六年（1856年）李文恺墓碑1通。该墓地碑楼形制特殊，为研究当地家族葬制提供了实证资料。

李正禄家族墓地碑楼

荆生有墓地

荆生有墓地

位于阳泉市郊区旧街乡旧街村北。荆生有（1797～1859年），阳泉柳渠村人，赠儒林郎、修职郎。封土无存，地表现存石牌坊、碑楼、供桌、望柱等遗物。碑楼内嵌清咸丰九年（1859年）荆生有墓碑一通。该墓葬的发现，为研究当地清代葬俗葬制提供了实物资料。

普通墓葬

榆林只墓群

位于永和县坡头乡孙家庄村榆林只村东南约1千米。南北长约60米，东西长约40米，分布面积约2400平方米。墓群位于北高南低的坡地上，未见遗迹，仅地表散落有陶片，采集有东周时期的泥质灰陶鼎、泥质灰陶弦纹深腹豆盘、泥质灰陶弦纹浅盘豆、泥质灰陶绳纹罐、泥质褐陶绳纹罐等器物及残片。

1	3
2	4
5	

① 深腹豆盘
② 鼓腹豆
③ 灰陶绳纹罐
④ 灰陶鼎
⑤ 榆林只墓群

沟堡墓地

位于汾西县团柏乡沟堡村南部。东西长约200米，南北宽约100米，分布面积约2万平方米。断崖上暴露有元代的残砖室墓一座（M1），墓室宽约3米，墓壁残高约2米；东周的洞室墓2座（M2、M3），其中一座洞室墓有瓮棺葬。采集有东周的彩绘陶鼎、陶豆等器物。

① 墓地崖壁上暴露的洞室墓（M3）
② 采集陶器

1 ① 封土顶部采集陶器残片
2 ② 墓葬封土

夜壶岭汉墓

位于浑源县蔡村镇碾槽沟村北约2.2千米的夜壶岭上。墓西侧100米有一条南北向原大浑（大同—浑源）公路。墓葬分布面积约1000平方米。地面现存封土堆一座，呈圆形，直径约32米，高约5米。封土顶部采集有汉代泥质灰陶绳纹陶罐残片。

下汪墓地

位于平遥县襄垣乡下汪村北，墓地分布面积约550平方米。封土夷平。地表现存石像生5尊。俱有宋代雕刻风格，共计两行，一字排列，由南向北依次有石虎一对、石羊一对，石翁仲1尊。石虎、石羊呈半卧状，石翁仲呈站姿，双手捧圭，文臣相。石像生质地为沙石。该墓地的发现为研究当地宋代埋葬习俗提供了实证材料。

1/2 ① 石翁仲
② 墓地

北任马氏墓群

位于阳城县演礼乡北任村村东。坐西朝东，分布面积约2000平方米。为清代至民国时期的家族墓地。地面现存望柱3根，封土堆16个，墓碑7通，碑楼6座，石香炉1个。其中最早的是清乾隆三十年（1765年）处士马如秀墓，仅有墓碑，无碑楼。其余分别为乾隆五十三年（1788年）处士马九锡（马如秀次子）墓，嘉庆二十一年（1816年）处士马九昌（马如秀长子）墓，嘉庆二十一年（1816年）恩赐登仕郎马廷庵（马九昌子）墓，道光十二年（1832年）乡饮耆宾马天宝墓，民国十八年（1928年）马应遴（马天宝子）墓，民国十八年（1928年）马堆（马应遴子）墓。墓碑刻墓主名讳，碑文记述墓主生平，碑楼均为砖石结构，正面多有雕饰并镌刻额匾、楹联等。该墓地的发现为研究当地家族葬制提供了实物资料。

① 望柱柱头
② 北任马氏墓群
③ 乾隆三十年墓碑

常氏家族墓地

位于阳曲县泥屯镇傅家窑村西北。分布面积约2500平方米。地表现存圆形封土37座，石牌坊一座。封土底径1.6～2.5米，残高0.7～1.3米。石牌坊为四柱三门式，上镌“常氏先茔”，“道光四年（1824年）荷月立，道光二十六年（1846年）重修”及“水源木本”。其西约50米处存砖砌碑楼1座，内嵌清道光二十六年（1846年）武略骑尉常子瑞墓碑一通，碑文记载墓主生平。

1|2/3 ① 常氏家族墓地
② 牌坊
③ 碑楼

陈氏家族墓地

位于古交市河口镇院家峁角子崖自然村东南。分布面积约1000平方米。地表现存封土8座，底径2～3米，残高0.5～2米。封土前置碑楼4座及供桌、香炉等。碑楼坐北朝南，均为石雕仿木结构，有悬山顶、十字歇山顶。石匾分别刻有“创业”、“裕后昆”、“福寿长”等字样，石匾下雕刻有人物、花卉等图案。碑楼内均置墓碑1通，最早为清同治二年（1863年）。

1|2
3
① 碑楼
② 碑楼石刻
③ 陈氏家族墓地

郝氏祖茔

位于太谷县侯城乡郝家前村北约100米。据墓地牌楼正中嵌墓碣载，建于清光绪二年（1876年）。墓地仅存石砌牌楼一座，坐东朝西，四柱三门，歇山顶，长5米，高2.85米，宽0.7米，明间额上悬石匾一方，书“祭思敬”，两侧石柱上书“一水澄清环作带，群山绵亘合为屏”楹联，明间嵌青石墓碣一方，字迹漫漶。

郝氏祖茔

苏氏家族墓地

苏氏家族墓地

位于高平市建宁乡苏庄村。清代。封土无存，地表现存石牌坊、石碑、碑亭等。牌坊四柱三门，中坊上刻“长发其祥”，两边刻“地灵人杰”四字。

董封燕氏祖茔

位于阳城县董封乡董封村东北。清代家族墓地。坐北朝南。封土夷平，地表仅存一座碑楼及楼内墓碑。碑楼为砖石，拱形门，硬山顶，仿木结构，顶部刻八卦图。门匾书:燕氏祖茔。南门两侧书：“二百年箕裘罔隧，十三世交派攸兮。”其余北、东、西三面石门匾依次为：“水源木本”、“嶕霍长春”、“青水白云”。碑阳楷体，记述燕氏世远无考，阳城燕氏来自长平赤土坡居小桃河，明洪武七年（1374年）从北次营迁往董封后的情况。碑阴额题：“燕氏世系”，碑身刻燕氏十三世系表。

1 ① 墓碑
2 ② 碑楼

其他古墓葬

八思巴墓塔

位于五台山台怀镇光明寺村东南约700米。八思巴（1235～1280年），西藏喇嘛教萨迦派首领，元代第一任帝师。喇嘛式砖塔，通高约13米。塔基呈圆形，底周长17.5米，高约4米，塔身砖砌实心宝瓶式，通体残损，塔刹完好。坐东向西。该墓葬的发现对研究佛教葬制提供了实物资料。

墓塔近景

北庄崖墓

位于永和县芝河镇东峪沟村北庄村东约1500米双锁山。南北长约500米，东西长约400米，分布面积约20万平方米。崖墓形制是利用崖壁上天然石洞，作为墓室置放棺木，后用片石封堵洞口而成的一种墓葬形式。北庄崖葬区域内调查中发现墓葬30余座，分布较广，多为单人葬，合葬墓较少。木棺长约2米，宽0.38～0.6米，厚0.15～0.36米。部分墓葬石墙、棺木已被破坏。崖葬在北方地区比较少见，为研究中国北方墓葬形制提供了新的资料。

1 | 2
3

① 东部墓葬M1
② 中部合葬墓M2
③ 北庄崖墓远景

古建筑

其他古建筑

池塘井泉

桥涵码头

寺观塔幢

亭台楼阙

牌坊影壁

坛庙祠堂

宅第民居

宅第民居

柴家坡
柴氏2号宅院

位于绛县古绛镇柴家坡村中。据正房梁脊板题记载，建于明万历四十七年（1619年），清代曾予增建。占地面积548平方米。坐北朝南，四合院布局，中轴线上现存正房、南房，两侧仅存东厢房、东西便门、影壁及门楼残垣。现存建筑正房、东厢房为明代遗构，南房为清代建筑。正房、厢房和南房均面宽三间，进深二椽，单檐悬山顶。东西便门和影壁上部砖雕十二生肖和各种花卉图案，东厢房压窗石上刻有花卉、人物。该处宅院为研究明清时期民居提供了重要的实物资料。

1 | 2 / 3 / 4

① 正房
② 便门砖雕
③ 东房
④ 砖雕影壁局部

张六顺宅院

位于平顺县石城镇豆口村中。张六顺清康熙版《平顺县志》有载。据宅院东厢房压窗石题记载，创建于明万历三十六年（1608年），现存建筑为明清遗构。占地面积343.6平方米。坐北朝南，四合院布局，中轴线从南向北依次有南房、正房，两侧为东、西厢房。除东厢房于1993年被改建外，其余建筑均保存完好，为研究明清时期民居建筑形制提供了宝贵资料。

1/2 ① 张六顺宅院
② 东厢房压窗石题记

中庄康乐院

位于阳城县润城镇中庄村。据北房梁架题记载，创建于清雍正四年（1726年）。坐北朝南，四合院布局，中轴线上建有南房、正房，两侧为东西厢房、耳房及大门。门匾书“康乐院”。院内正房为三层，砖构，当地俗称“高楼”。楼面宽五间，进深四椽，单檐悬山顶，全楼仅底层明间开拱形门，其余各层均设砖券拱形窗，房内后檐设夹墙，夹墙内设楼梯，可达上层。院落四角均设三层砖构耳房。院内建筑高大，墙体厚实，外墙封闭无窗，仅上部设圆形瞭望孔，具有防御功能。

正房

李有德宅院

位于浮山县响水河镇东陈村中。据正房脊板题记载，清乾隆二十六年（1761年）李有德创建，占地面积686 平方米。坐北向南，四合院布局，中轴线上建有南房、正房，两侧为东、西厢房。院内建筑均为二层砖木结构，面宽三间，正房进深四椽，南、东、西房进深三椽，硬山顶，房屋均设前廊，上下层均设隔扇门窗，二层廊设木构栏板。建筑木构饰件简洁，布局紧凑合理，是浮山县现存较完整的清代民居建筑。

① 正房梁脊板题记
② 李有德宅院

任永民宅院

位于河津市樊村镇樊村堡村中。创建年代不详，建筑呈四合院形式，清代建筑风格。宅院坐北朝南，现存门楼、南房、东西厢房、北房。院门位于东南隅，仿木砖雕结构，门楼高深，檐部双层飞椽，硬山顶式，上下额枋分别雕有琴棋书画、梅兰竹菊等图案，中间石匾额书“罔遊佚”，下部拱券形门上雕五福临门图案。其余建筑均三开间，布局紧凑，格局完整，木雕、砖雕、石雕雕刻精美，寓意深远，为研究清代民居格局和建筑艺术文化提供了实物资料。

1 | 2 ① 门楼
② 内视

李家大院

位于稷山县太阳乡丁庄村中部，据梁脊板载，该大院是由在陕西从事中草药的晋商李枝秀、李士秀兄弟两人，分别于清嘉庆十二年（1807年）、二十年（1815年）、咸丰五年（1855年）所建。大院坐南向北，由一条东西巷道把整座大院分为南北两排，南排由东院基址1号院、2号院、3号院、4号院、5号院组成；巷道自东向西，依次设为东巷门和三道閰门；北排由6号院、7号院、护院、8号院、9号院、西院等12座独立的院落组成。总平面呈长方形，东西长89.40米，南北宽34.50米，占地面积3084平方米。丁庄李家大院整体布局完整，主次分明，是当地现存民居中体量较大、保存较好的民居建筑群之一，它从一个侧面反映出晋商大院的繁华景象，是研究晋商大院建筑艺术的重要实物资料。

1 | 2 | 3 | 4

① 4号院内景
② 护院二门
③ 巷道
④ 6号院内景

毛氏宅院

位于昔阳县乐平镇西南沟村。整体建筑坐西朝东，占地面积8325平方米。清嘉庆年间（1796～1820年）由毛氏第十世毛亮修建，清道光、同治年间曾进行大规模扩建，光绪、民国年间增修后，始成今日规模。宅院依山势而建，现存建筑有两堂、两巷、6组大院、15座小院，房屋120余间，窑洞20余孔。大院布局分为一、二、三进四合院式。每组建筑主体居中，左右厢房对称，对内院院相通，对外院院有门，木雕门楼、砖雕影壁、石雕门枕石，三雕艺术随处可见。6组大院均筑有暗道通向村外。宅院东临南北河道，河面筑石桥两座，1号桥北存古井一口。毛氏宅院规模宏大，建筑保存完整，是晋中地区现存清代民居中保存较完整的建筑之一。

① 九德堂
② 水井、石桥
③ 砖雕
④ 木雕

螺鬟鷺嶼

新春大吉

1 | 2/3
① 大门
② 内景
③ 正房

库拔1号民居

位于霍州市三教乡库拔村中。据梁架题记，创建于清嘉庆十九年（1814年），占地面积525.79平方米。坐北朝南，四合院布局，中轴线建有南房（仅存基址）、正房，两侧为东、西厢房。现存建筑均为二层砖砌，一层为砖券窑洞，二层为木构楼阁，东西厢房楼阁与正房楼阁相通，屋顶勾连搭，二层平面呈“凹”字形。大门为砖券拱形门洞，硬山顶，檐部前后设木构门罩，其上木雕卷草缠枝花卉等图案，门匾砖砌，楷书“环堵室”。整座建筑与当地现存民居相比，形制结构较特殊。

毛毓秀老宅

位于新绛县三泉镇冯古庄村中心。据正院北房梁脊板题记载，清嘉庆二十年（1815年）毛毓秀创建。占地面积419.3平方米。坐北朝南，现由主院和偏院两座院落组成，均为四合院布局。主院正房为明三暗五格局，进深三椽，三架梁带前插廊，单檐硬山顶，五花山墙。檐下斗拱为异形雕花拱，前檐各间设六抹头格扇门，柱间通间花替，镂雕凤凰戏牡丹及荷叶图案。老宅内各建筑均设木隔层，饰门罩、窗罩。该院落布局合理，结构严谨，木雕精美，为研究清中期晋南民居建制、装饰艺术提供了实物资料。

1/2 | 3

① 院景
② 木雕异形斗拱
③ 大门

任家大院

位于霍州市鼓楼街道办事处鼓楼南街43号。为霍州丝绸富商任保安于明永乐十八年（1420年）所建，清道光年间（1821～1850年）后人任公远续建中院、前院，现存为清代建筑。占地面积1125平方米。坐北朝南，三进院落布局，现存有各院大门、南房、过厅、正房及东、西厢房。正房二层楼阁式建筑，木构雕饰图案精美，雕工精湛，是霍州市现存清代民居中，木构雕饰保存完好的建筑之一。

1 ① 一进院过厅
2 ② 一进院过厅木雕饰

1 | 2 / 3

① 大门
② 张家宅院
③ 过厅

张家宅院

位于曲沃县曲村镇修义村中。据东房内梁脊板题记载，清道光三十年（1850年）创建，占地面积444平方米。宅院坐东朝西，一进院落布局，现存东房及南北厢房、院门、西房及角房等建筑。东房面宽三间，进深二椽，单檐灰瓦硬山顶，三檩无廊式构架，平身科饰木雕花卉斗拱，明间辟门，设四扇格扇门，门楣上有木匾额题“孝友堂”，次间设四扇格扇门；院门门楣匾额砖雕“钦厥止”，匾四周饰五福捧寿图。

王作楫老宅

位于新绛县阳王镇南头村南。据主院门楼梁脊板题记载，清光绪三十一年（1905年）由王作楫创建。占地面积492平方米。坐南朝北，由主院、偏院组成。主院四合院布局，北房面宽三间，进深二椽，单檐硬山顶，三檩无廊式构架，檐下平身科三攒，明间辟六抹格扇门，次间设窗。老宅各院内建筑木雕、石雕、砖雕题材丰富，雕刻精美。为研究清代晚期晋南民居建筑装饰艺术提供了丰富的实物资料。

① 宅院内景
② 影壁
③ 大门
④ 门楼木雕

大岫古村落

位于盂县梁家寨乡大岫（chan）村。据村内现存石造像座铭文记载，早在金承安二年（1197年）就有人在此居住，元、明、清均有增建，现存均为清代建筑风格。古村落四周群山环绕，东、西、北三面围合封闭，南向开敞，仅有一条道路与外界相连。分布面积约2.2万平方米。村内保存有较为完整的古街道、古民居、古寺庙等建筑遗存。街道蜿蜒崎岖，多由自然山石铺砌而成。现存的38处民居均依山而建，土石山墙，木构前檐，格扇门窗，房屋或单层或二层，高低错落。古寺庙现仅存飞仙庙和观音庙。

1 2 | 4
3

① 石造像座铭文
② 民居
③ 村落远眺
④ 街巷

后沟古村落

位于晋中市榆次区东赵乡。据考古发现，至迟在唐代已有人居住。村落四面环山，沟壑纵横，龙门河自东而西从村前流过。村落格局基本保持历史原貌，分布面积133万平方米。村内有观音堂、古戏台及清代、民国时期土窑洞，层窑叠院，错落有致，依崖就势、随形生变；地下排水系统完善，设计科学合理。

1 | 2
3

① 民居
② 观音堂
③ 村落全景

悬空村

位于宁武县涔山乡石泉村。村庄背依悬崖，面临深渊，建在海拔2000多米的绝壁上。房屋依山就势，高低错落，多数房屋前部以木桩支撑伸出崖外，各家户门前搭设木板互连成村中唯一一条空中村道，长约1千米。整个村落犹如悬于空中。一条石砌台阶小道是村庄唯一对外通道。该村落的发现对研究当地传统民居提供了实物资料。

① 悬空村
② 房屋及街道

店头古村落

位于太原市晋源区晋源街道办事处店头村。村落傍风峪沟依山而建，背山面水，紧邻古晋阳通往陕甘宁的交通要道。村内街巷纵横，基本保持了原有格局风貌。分布面积约4.5万平方米。民居坐北朝南，呈明清建筑风格。院落为窑洞式四合院，窑洞石砌，或单层，或上下两层，下层窑洞多有暗道相通，洞中有水道、磨房、仓库等，结构独特，防御功能突出。

1 | 2 / 3
① 店头古村落
② 窑洞式民居
③ 窑洞内暗道

宋氏民宅

位于中阳县暖泉镇沙塘村。创建年代不详。坐北向南，占地面积约1600平方米，为清代建筑风格。民宅依山而建，为阶梯状布局，即下层建筑屋面为上层建筑院面。主体建筑为土窑，前檐砌砖。现存建筑分上、下两院，中轴线上自南而北建有南窑（中辟门洞）、上下院正窑，东西为砖券侧窑，南窑中设券洞，其上设木构单间门楼一座，门洞上方匾额楷书“耕读传家”。整座民宅布局完整，主次分明，为吕梁山区现存较完整的清代窑洞式民宅建筑。

宋氏民宅

1
2 | 3

① 堂构聿新院
② 木雕
③ 石雕柱础

柳家大院

位于沁水县土沃乡塘坪村铁芦庄自然村东。村内地势西高东低，建筑依地势而建，呈清代建筑风格。大院由临鹿台院、静观院、河东世家院、爱吾庐院和堂构聿新院五个院落组成（院名均因匾额而名），布局或四合院，或三合院。整体建筑高低错落，布局合理。各院内建筑上的木雕、石雕内容丰富，雕工精美。

杨氏宅院

位于太原市晋源区晋源街道办事处南街村中。原为当地乡绅杨氏宅院。创建年代不详，现存为清代遗构。占地面积1026平方米。坐北朝南，三进院落布局，中轴线现存南房、两重院门，两侧为各院东、西厢房等。院门与大门或单坡硬山顶，或悬山顶，檐下均施木构斗拱或木雕花罩，墀头雕饰精美。门侧墙壁均雕饰各种图案。整座宅院建筑考究，砖雕、木雕制作精细，对研究太原地区的乡土建筑提供了实物资料。

1 | 3
2 | 4

① 大门
② 二进院门正面
③ 砖雕
④ 三进院门

① 秦村民居
② 前院院门砖雕

秦村民居

位于祁县西六支乡秦村东西门外街33号。创建年代不详，现存为清代建筑。坐北朝南，二进院落布局，占地面积869平方米。前院已改建，现存院门、过厅、正房、后院西厢房。正房面宽五间，进深一间，平顶，不出檐，砖券拱形门窗。前院院门砖券拱形，周饰砖雕假山壁面，壁心雕山水、亭阁等图案。正房抱厦、过厅门楼制作精细，砖雕院门雕刻精美，是祁县民居的典型代表。

前窑李氏宅院

位于平陆县曹川镇前窑村内。四合院布局，坐北面南，东西14米，南北22米，占地面积308平方米。北房为三孔窑洞，砖筑结构，前檐木构插廊，台基高1米，东西厢房均面宽三间，进深二椽，硬山顶，二层阁楼，墀头砖雕。南房面宽三间，进深二椽，四檩前廊式构架。南房东次间，辟门，砖券式门洞，上部砖雕精美。东厢房南墙作砖雕照壁，中设土地神龛。

① 影壁
② 李氏宅院

杜怀典宅院

位于陵川县西河底镇黄庄村中。创建年代不详，现存建筑为清代风格。占地面积584平方米。坐北朝南，二进院落布局，中轴线上建南房、二进院门、正房，两侧有大门、影壁、耳房、过楼、厢房。大门位于东南隅，上下两层，方形石柱，木构装修，木雕雀替。门内影壁为砖雕条屏式，屏内分别雕有梅、菊、荷、牡丹花卉图案，雕工精美。宅院建筑高大，堡式院墙，防御功能极强。

1 2/3
① 影壁
② 大门
③ 正房

张店地窨院

位于平陆县张店镇张店村中。地窨院为黄土高原一种特殊的民居形式，将黄土下挖一定高度，形成方形院落，依四壁掏窑而成。此院创建年代不详，据窑面镶砖判断，为清代建筑。院落平面方形，占地面积132平方米，东、西、北三面窑各2孔，南面窑3孔，进深10～12米，院西北角设拐洞与地面相连。四面窑顶设砖砌花栏墙。此形式的民居院落冬暖夏凉，是平陆一带地窨院的代表性建筑。

① 门洞
② 张店地窨院

落阵营3号民居

位于大同县杜庄乡落阵营村中。创建年代不详，现存为清代建筑。占地面积693平方米。坐北朝南，二进院落布局，中轴线上现存过厅、二进院门、正房，两侧为东西厢房、耳房。大门两侧砖雕“万”字壁饰，门内迎面为砖雕照壁，须弥座，檐下设砖砌仿木构斗拱5攒，壁心砖雕人物故事图案，周饰花草树木，雕刻精细，人物逼真，题材新颖，为它处民居所少见。

1/2 ① 二进院门 ② 照壁全貌

申氏宅院

位于平遥县洪善镇北长寿村。创建年代不详，现存建筑为清代遗构。占地面积1080平方米。坐北朝南，二进院落布局，中轴线上依次建有南房、门楼、正房，两侧为东西厢房。南房东侧建有砖砌拱券式大门一座，门楼上雕刻有“福禄寿”三星人物图案，两侧有砖砌小影壁各一座，东侧影壁上浮雕神龛，砖雕精美，是清代民间砖雕艺术的佳作。

① 砖雕人物
② 影壁神龛
③ 院景

① 张氏宅院
② 张氏宅院大门

下韩王张氏宅院

位于沁水县端氏镇下韩王村中。创建年代不详，现存建筑为清代风格。占地面积439平方米。坐北朝南，四合院布局，现仅存大门、正房、东厢房和东北、东南耳房。大门砖木结构，檐下设牌楼式如意斗拱。正房为三层建筑，石砌台基，面宽三间，进深四椽，单檐悬山顶，一层明间施拱形门，次间为拱形窗，二层明次间均施拱形窗，三层前置砖构楼廊，设垛墙，施隔扇门窗。

坛庙祠堂

李氏宗祠

位于阳泉市平坦镇平坦垴村中。始建年代不详，据碑文记载，明清曾多次修缮，祠内有清内阁大学士倭仁所题牌匾。坐北朝南，中轴线上建有山门、照壁、仪门、人祖殿，两侧存东西厢房，山门两侧建钟鼓楼，占地面积749.48平方米。其中人祖殿为明代遗构，其余皆为清代所建。人祖殿高二层，底层为窑洞，上层建木构房屋，面宽五间，进深五椽，单檐歇山顶，明间设格扇门，两次间和两梢间设槛窗。

李氏宗祠

西顿济渎庙

位于泽州县高都镇西顿村东。据檐柱题记及碑文记载，始建于北宋宣和四年（1122年），金大定二十八年（1188年）、清乾隆四十三年（1778年）均有重修，现存正殿为宋金遗构。庙院坐北朝南，一进院落布局，占地面积1294平方米。中轴线由南向北有戏台、正殿，两侧耳楼与西角房、东西厢房，正殿两侧建左右耳殿（西耳殿、东西厢房均为新建，东西耳楼、西角房已改建）。正殿砖砌台明，面阔三间、进深六椽，前檐辟廊，单檐悬山顶，屋顶灰筒瓦覆盖，前檐廊柱青石质八角柱，柱身有收分、柱头斗拱四铺作出单昂，覆盆式莲花柱础。

① 正殿明间补间斗拱
② 正殿次间角柱题记
③ 正殿

西见子中宣承院大殿

位于晋中市榆次区长凝镇西见子村中，地处黄土高原丘陵地带。创建年代不详，现存大殿一座，建筑面积165平方米。根据其梁架特征判断，为金元时期建筑。大殿面阔三间，进深六椽，单檐硬山顶。通檐用三柱，梁架主体基本保持原状，各节点用驼峰、斗拱支撑，有用材较大的叉手、托脚，大梁高宽比为3：2，前檐斗拱为四铺作单下昂，昂头被后人锯掉。

1 2 3 4

① 梁架节点
② 斗拱
③ 梁架
④ 正面

1 | 2
3

① 正殿梁架
② 石碣
③ 正殿

北古交圣母庙

位于新绛县古交镇北古交村东部。创建年代不详，明万历和清道光、同治均有修葺。坐北向南，现仅存正殿，占地面积104平方米。正殿面宽三间，进深四椽，单檐悬山顶，五檩无廊式结构，明间辟门，两次间设窗。前后檐下柱头均施三踩单下昂斗拱，明间出45°斜拱。殿内两根大梁均使用粗大圆木，梁架结构稳定，尚存元代建筑的特征，据建筑形制判断应为明代早期建筑，对研究明早期木构建筑的形制及做法提供了实物资料。

九窑十八洞

位于长子县石哲镇老圪倒村发鸠山上。创建年代不详，原为道教庙宇，俗称九窑十八洞，现存为石砌窑洞式建筑群，明清建筑风格。整体建筑群坐西朝东，依山势分五层逐阶而建，占地面积约1500平方米。主体建筑均为砂石砌筑，平顶。第一层东南角设“西华门”，从南向北分别为“达摩庵”和“波若堂”，第二层依次为“玉皇殿”、“金星洞”等，建筑依山势而随形布局，灵活紧凑，庙宇内原供奉有道教各路神仙，是研究道教诸神源流的重要实物资料。

① 侧面
② 远眺

① 正殿
② 正殿前檐斗拱
③ 山门

东庄全神庙

位于陵川县附城镇东庄村北。创建年代不详，现存建筑为明清风格。院落坐北朝南，南北长22.97米，东西宽18.4米，占地面积423平方米。原布局为二进院落，一进院已被拆除改建学校，现仅存二进院。中轴线上现有山门、正殿，两侧有耳楼各二间，厢房各三间。正殿青石台基，殿身面阔三间，进深六椽，前檐辟廊，单檐悬山顶，七檩前廊式构架，檐下柱头科三踩单昂。前檐明间施板门，两次间设直棂窗。梁架用材粗犷，结构尚存元代 手法。

柳树村紫微庙

位于长子县石哲镇柳树村。创建年代不详，现存大殿为元代遗构，其余均为明清建筑。寺庙坐北朝南，现存大殿、东西耳殿和东西配殿，占地面积1100平方米。大殿位于寺庙中轴线最北端，台基石砌，青石压沿，面阔三间，进深六椽，单檐悬山顶。梁架结构为四椽栿对前乳栿通檐用三柱，大殿前后檐皆施斗拱，前檐装修已改。

1 | 2
3

① 大殿斗拱
② 大殿梁架
③ 大殿

① 西间正壁壁画
② 夏庄龙王庙

夏庄龙王庙

位于大同市新荣区西村乡夏庄村南200米台地上。坐南朝北，单体建筑，占地面积约50平方米，现存建筑主体为清代风格。面宽三间，进深三椽，硬山顶。庙内用墙间隔，分作两间，每间各有砖砌凸形供台一座，每间四壁均有壁画，面积约43平方米，壁画基本保存完好。

北池稷王庙

位于新绛县阳王镇北池村西北。创建年代不详，据庙内梁脊板及现存碑刻载，明弘治、万历及清康熙、道光、光绪年间均有重修和扩建，现存建筑为明清遗构。坐北向南，占地面积1241平方米。四合院布局，中轴线存戏台、正殿，两侧有东西耳殿、配殿、土地庙及门楼。正殿为稷王殿，面宽三间，进深五椽，单檐悬山顶，东山墙内壁有大幅毛主席画像及标语，为“文革”时期遗物。东西耳殿为关爷殿、圣母殿，东西配殿为天王殿、财神殿。戏台西侧建土地庙。该庙为研究明清时期道教庙宇的建制和道教诸神的源流提供了丰富的实物资料。

① 稷王庙戏台
② 稷王庙
③ 戏台后墙砖雕影壁
④ 正殿梁脊板题记
⑤ 毛主席画像及标语

伟大的导师 伟大的领袖
伟大的统帅 伟大的舵手
毛主席万岁

1	4
2 | 3	5

① 白云寺山神庙
② 白云寺磨水庙
③ 白云寺土地庙
④ 白云寺香炉
⑤ 白云寺摩崖石刻

磨水山白云寺

位于阳曲县泥屯镇杨家井村西约2500米磨水山上。创建年代不详，现存建筑主体结构为清代。白云寺由山神庙、土地庙、磨水庙三座庙组成，由低而高呈“品”字形分布。山神庙位于磨水山半山腰，依山崖而建，坐北朝南，石砌台基，面宽三间，进深三椽，单檐硬山顶，四檩前廊式构架，内存塑像5尊；土地庙位于山神庙西约70米处，坐西朝东，石砌窑洞3孔，墙厚1.2米，门拱券之上雕刻鹤衔莲花图案；山神庙北约100米为磨水庙，坐北朝南，依山而建，正殿已毁，现仅存东西两侧窑洞及正殿两侧窑洞，窑洞均为石砌，其中正殿东侧窑洞门额上存清康熙六年（1667年）题记。庙内存砂石质香炉一座，清代及民国重修碑4通。庙东侧石壁上存高7.3米，宽3.4米摩崖石刻一方。

下塔黑龙庙

位于柳林县三交镇下塔村。创建于清康熙五十八年（1719年），原布局不详，现仅存大殿。大殿砖砌台基，面宽三间，进深二间，前檐辟廊，单檐硬山顶，灰筒板瓦屋面，檐下施三踩单翘斗拱，明间装板门，两次间为直棂窗。殿内东西山墙上存清代壁画两方，共约12平方米，画面上方绘有祥云，主要表现龙王出行的仪仗和威严，壁画下方为民间的社会生活情景，是山西民间壁画中的佳作。

	2	
1	3	4
	5	6

① 黑龙庙
② 壁画
③ 壁画局部
④ 壁画局部
⑤ 壁画局部
⑥ 壁画局部

1 2 3 4
① 内景
② 大门
③ 砖砌牌坊
④ 碑碣

魏氏祠堂

位于河津市樊村镇魏家院村。据碑文记载，创建于清道光九年（1830年），坐北朝南，四合院布局，院内均为前设廊硬山顶建筑，灰瓦屋面。正房门上悬“承先启后”木牌匾，当为祭祖正厅，装饰简洁明快。祠堂院门内建有仿木构砖砌牌坊。北房内东山墙上镶嵌石碣 一方，碑文记载了村民在清道光九年（1830年）创建祖先堂和布施银两等情况；东厢房前檐墙上的一方碑碣，记载了民国三年（1914年）创建东西厢房及布施银两等情况。

創建祖祠記

金泉山祖师庙

位于高平市建宁乡苟家村北金泉山南麓。清代仿木结构石砌建筑，平面方形，板瓦屋面，前建牌坊式悬山顶仿木构门亭，方形檐柱，门额上方有石刻“灵应”牌匾一方。殿内设石刻须弥座，雕有四神等纹饰。整座建筑结构简洁，风格粗犷，手法洗练，是山西较为少见的纯石结构建筑。

金泉山祖师庙

1
2 | 3
① 水涧关帝庙
② 东侧砖雕
③ 戏台砖雕

水涧关帝庙

位于大同县吉家庄乡水涧村北。创建年代不详，现存主体建筑结构为清代风格。四合院布局，中轴线现仅存戏台和大殿。戏台坐南朝北，石砌台基，台口面宽三间，进深五椽，前后台勾连搭卷棚顶，筒瓦屋面，山花及墀头均饰有砖雕图案。大殿坐北朝南，面宽三间，进深五椽，硬山卷棚顶，梁架上残存有清代彩绘图案。

① 山门
② 人祖山高庙
③ 石碣

人祖山高庙

位于吉县文城乡上曹花坪村人祖山西北山顶。创建年代不详，现存建筑具有清末民国风格。庙建在人祖山的孤峰顶端，四壁如削。庙院坐西朝东，周围石砌墙体沿山体而建，中轴线上有山门及大殿，占地面积约950平方米。大殿建于山顶正中，砖石砌筑，四壁有火烧痕迹，西侧墙体下刻有“民国三十一年（1942年）祖师玄天洞”等题记，殿前有一石凿水池。山门洞内嵌石碣两方，门前存石碑两通，碑文字迹均漫漶不清。高庙地势险要，抗日战争时期，阎锡山军队曾在这里构筑工事，现大殿的西侧墙体上仍保存有当时的射击孔洞。

阎家庄关帝庙

位于定襄县河边镇阎家庄村。创建年代不详，为清代遗构。庙建于石砌台基之上，前设宽大的月台，石砌台阶直通主殿。殿面宽三间，进深六椽，单檐悬山顶，七檩无廊式结构，殿前设歇山卷棚顶抱厦。

阎家庄关帝庙

牌坊影壁

李氏贞节牌坊

又称“节妇李氏坊”，位于五寨县城大西街李家巷口。据牌坊额枋题记载，清乾隆二十七年（1762年）为旌表候补金州同知李尧弼妻安人李氏节孝而建。为四柱三门石坊。坐北向南，红砂石砌筑。坊基石砌，立柱前后设抱鼓式夹杆石，明间柱夹杆石上雕石狮。明间、次间上下枋均浮雕花草、二龙戏珠、百鸟朝凤、串枝莲等图案。明间下额枋刻“候补金州同知李尧弼妻安人李氏之节孝坊”等字样，上额枋题“清标彤管”。

① 李氏贞节坊局部
② 李氏贞节坊

张氏牌坊

位于交城县夏家营镇义望村乔家街。据牌坊额枋题记载，清嘉庆十三年（1808年）为旌表乔冲壁之妻张氏节孝而建。为四柱三楼仿木构砖雕牌坊。坐北朝南，坊长4.8米，宽2.17米。坊基石砌，明间柱前后设石质抱鼓石，上雕石狮各1尊。明、次楼檐下均设砖雕仿木构斗拱，明间正楼匾额题“敕建”，额枋立面砖雕“旌表乔冲壁之妻张氏节孝坊”及“山西督学院黄□……□三年立”题记。明间石柱刻有楹联。

1 | 2
3

① 张氏节孝坊
② 砖雕斗栱
③ 额枋砖雕

杜苏沟张氏牌坊

位于霍州市李曹镇杜苏沟村中。据牌坊额枋题记，建于清道光六年（1826年）。为门楼式砖牌坊。坐北朝南，平面长方形，长5.45米，宽1.9米，硬山顶。牌坊石砌基座，中设砖券门洞，门洞上方设额枋三重，枋内雕饰回形纹、卷草纹，上枋内刻“旌表已故处士高一清妻张氏坊”。檐下设砖雕仿木斗拱、瑞兽图案。该牌楼结构精巧，砖雕精美。

张氏牌坊

余吾牌坊

位于屯留县余吾镇余吾村北与村南路口。创建年代不详，现存牌坊两座，据形制判断为清代建筑。两座牌坊南北相对，结构形制基本相同，门楼式砖砌牌坊，长10.5米，宽2.5米，硬山顶，明楼、次楼檐下均设砖砌仿木构三踩单翘斗拱，北坊斗拱雕饰简朴，南坊斗拱雕饰华丽，二坊明间均设拱券门，北坊券门匾正背面书“三晋通衢”，“物华天宝”，南坊券门匾正背面书“古屯名镇”，“人杰地灵”。

1 ① 余吾南牌坊
2 ② 余吾北牌坊

亭台楼阙

北池村门楼

又称“玉皇阁”，位于新绛县阳王镇北池村西北。坐东南面西北，通高10米。据题记记载创建于清嘉庆二十二年（1817年）。砖木结构单体建筑。下为砖包夯土基座，南北长7.4米，东西宽7.2米，高4.8米，中辟2.6米宽，3米高的券门，门楣石匾额“望汾水”、“对嵋山”，占地53平方米。面宽三间、进深四椽，单檐歇山顶，周设回廊，梁架上保存有创建题记。

1
2 | 3

① 门楼梁脊板题记
② 门楼侧面
③ 门楼

国家眷望京楼

位于广灵县望狐乡国家眷村西南。传说明洪武公主随驸马武进如归乡，驸马为她瞭望京城所建。实为一座明代军事碉楼，与闯道坡军堡连为一线。坐北朝南，占地面积84平方米。立面呈梯形，通体石砌，现存三层，南侧的瞭望孔今改为窗户。碉楼内部中间为过道，上下有楼梯相通，东西两侧为住房。

1 ① 国家眷望京楼
2 ② 国家眷望京楼东侧

郭家庄碑楼群

位于闻喜县郭家庄镇郭家庄村口长约130米的南北向道路两旁。建于清同治、光绪年间（1862～1908年）。占地面积1540平方米。共5座碑楼，路东两座，皆坐东朝西，自北至南依次为仇毓镜神道碑楼和仇氏三兄弟德行碑楼；路西3座，皆坐西朝东，自北至南依次为仇氏五碑碑楼、赵太君节寿碑楼和薛太君节孝碑楼。均为石质仿木结构，建于石砌台基上。除仇毓镜神道碑楼为十字歇山顶外，余均为单檐歇山顶。碑楼正侧面多悬有石匾，额枋多浮雕装饰图案，石柱镂刻对联等。

1 | 3
4
2 | 5

① 薛太君节孝碑楼
② 郭家庄碑楼群
③ 仇氏五碑碑楼
④ 仇毓镜神道碑楼
⑤ 仇氏三兄弟德行碑楼

1	3	
2	4	5

① 空行母护法亭
② 空行母护法亭
③ 藻井
④ 石雕空行母
⑤ 仿木斗拱

空行母护法亭

位于五台县台怀镇新坊村西南约600米。清代建筑风格，通高4.4米。石砌六边形须弥座台基，每边长2.04米，高1.3米。台上立石柱6根，上承砖砌六角攒尖式仿木结构屋檐，屋顶不设梁架，用砖叠涩形成收束，状如藻井，屋檐饰有仿木构砖雕七踩斗拱。亭内供石刻空行母像1尊。亭台合一，造型优美，构筑巧妙。

晴远楼

位于浑源县城永安西街路南。坐南朝北，占地约43平方米。现存为清代砖木结构楼阁式建筑。面宽三间，进深二椽，单檐卷棚顶，拱形窗，内置木楼梯。门额上砖雕“晴远楼”，下为“二仙捧寿”图，两侧楹联为“晓风吹开一天云雾，夜月照澈万里江山”。整体建筑具有地方特色，为研究清代楼阁式建筑提供了实物资料。

① 晴远楼
② 砖雕匾额

吕祖庙戏台

位于万荣县荣河镇荣河村东北隅。原庙已不存，现仅存戏台，清代建筑。戏台坐南朝北，面宽三间，进深四椽，单檐硬山顶。前檐施石柱两根，额枋雕刻华丽，雕有牡丹、花鸟、仙人等图案，额枋上装饰斗拱。斗拱、平板枋、阑额枋、滚木等皆饰雕刻。台口两侧设有廊壁，分别雕松虎、云龙图案。

1 | 2
3

① 前檐木雕
② 梁架
③ 吕祖庙戏台

西郭戏台

位于临汾市尧都区魏村镇西郭村中。创建年代不详，现存为清代建筑。坐南向北，占地103.68平方米。戏台面宽三间，进深二椽，单檐灰瓦卷棚顶，前檐作歇山式。台后部两侧辟门与两侧妆房相通。戏台及妆房墙壁上现存清道光、同治、宣统及1965年等不同时期的戏班、剧团、演出队的演出题记约30余处，是现存极少、传承有序的戏曲演出史重要资料。

① 梁架
② 西郭戏台
③ 同治二年（1853年）演出题记
④ 道光十二年（1832年）演出题记
⑤ 1965年演出题记

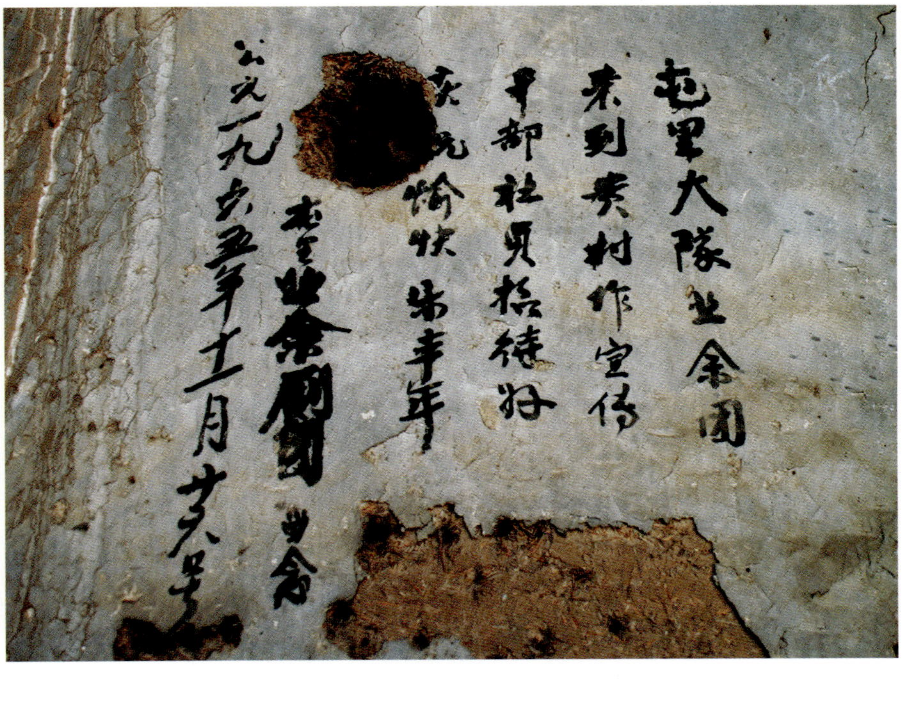

寺观塔幢

佛顶尊胜陀罗尼经幢

位于交口县康城镇康城村。唐代中后期作品。砂石质，通高约6米。由基座、幢身、幢盖、仰莲、莲珠、阙楼、宝顶组合而成，每个石构件雕榫柱、卯眼。幢身平面呈六边形，边长0.44米。首题“佛顶尊胜陀罗尼经序”，共76行，字迹漫漶不清。

佛顶尊胜陀罗尼经幢

1 ① 燃灯石塔
2 ② 燃灯石塔

蚍蜉村燃灯石塔

位于太谷县范村镇蚍蜉村西约1.5千米。六角单层亭阁式石塔，据塔形制判断为北齐遗物。塔通高3.6米。塔由塔基、塔身、塔刹三部分组成。塔基石砌，平面六边形，高2米，由七层砂条石砌筑而成，下四层渐收，上三层呈须弥式。塔身一层，平面六边形，高0.85米，空心，正南设拱券形龛，与龛门相邻两面各雕立像一尊，塔身上部设六角攒尖式顶，其上设二层砂石六边形塔檐，塔刹已毁。是山西省内仅存的两座北齐燃灯塔之一。

金刚密迹塔

位于五台县台怀镇杨柏峪村滩子自然村南约1.4千米处。塔建于北宋时期，六角形十三层密檐式砖塔，通高约13米。坐北向南，石砌方形台基，边长3.6米，高0.65米，台基上部为砖砌六边形塔身，一层较高，仿木结构塔檐，塔顶六角攒尖式，宝珠式塔刹。造型优美刚劲，砖雕粗犷简洁，保存宋金时期佛塔的风格和特点。

① 塔身
② 仿木斗拱
③ 塔基砖雕
④ 金刚密迹塔全景

西草庄塔

位于寿阳县羊头崖乡西草庄村南。创建年代不详，现存为宋代遗构。六角三层楼阁式砖塔，通高约6米。后人于下层塔身加砌红砂石一周，圆形石砌塔基，塔座上饰有仰莲，塔身每层隔间相闪设板门和直棂窗，檐下砖雕仿木结构斗拱，塔顶六角攒尖式，砖砌圆形覆盆式塔刹，造型挺拔秀丽，为山西宋代砖塔的实物例证。

1/2 ① 西草庄塔
② 西草庄塔

1 ① 胡家庄花塔
2 ② 南边花塔

胡家庄花塔

位于五台县陈家庄乡胡家庄村西南约1000米的山凹中。创建年代不详，现存为金代建筑形制。六角形单层砖塔，通高1.3米，现存两座，形制相同，相距16米。塔砖结构，砖基平面呈六角形，塔身饰有砖雕门窗，檐下施斗拱，砖叠涩塔檐，上施六角形刹座，每面辟有壶门，刹座上饰有山花蕉叶二层和仰莲瓣等，莲苞形塔刹，如同含苞待放的花蕾。塔造型华美，制作工精，为金代砖塔精品之一。

佛陀波利舍利塔

位于五台县台怀镇光明寺村垚子自然村北约300米处。创建于唐代，现存建筑元代风格。石砌圆形宝瓶喇嘛式塔，通高约12米。坐东向西，塔基圆形，周长17.5米，塔体覆钵式，上部石砌须弥座式刹座，上饰十三天、宝盖和莲苞形塔刹。佛陀波利，罽宾国（位于今克什米尔一带）僧人，唐高宗时期，翻译《佛顶尊胜陀罗尼经》，后入五台山弘传佛教，是中印佛教交流的实物见证。

1 | 2
3

① 塔刹
② 塔身局部
③ 佛陀波利舍利塔

翠岭仙姑明堂

位于新绛县古交镇翠岭村西。始建于元，仿木结构砖砌建筑。平面方形，檐下四面施有仿木结构斗拱，堂内建筑宋金砖室墓风格明显，砖雕工艺精美，造型精巧别致，堂内为穹隆顶，穹顶及内壁白灰抹面，残存壁画近9平方米，绘祥龙，浮云、仕女等。

1	3
2	4

① 彩绘仕女图
② 翠岭仙姑明堂
③ 穹隆顶
④ 山墙“童子半掩门”

石佛寺石塔

位于和顺县松烟镇乔庄村北。据塔身题记，创建于明正德三年（1509年）。方形七层石塔，通高约10米。由塔基、塔身、塔刹三部分组成，塔基平面方形，东西两侧刻有创建题记，二至七层四面凿龛，每龛内存佛造像一尊，全塔共雕佛像28尊，塔形自下而上逐渐收刹，宝瓶式塔刹。塔造型挺拔秀丽，佛像雕刻姿态各异，为山西形制较为特殊的明代石塔。

石佛寺石塔

下小沿沿山寺

位于繁峙县砂河镇下小沿村。据寺内碑文记载，创建于明嘉靖二年（1523年），清同治十一年（1872年）重修。院落坐北朝南，四合院布局，中轴线上建有天王殿、正殿，两侧为东西配殿，占地面积460平方米。正殿面宽三间，进深四椽，单檐悬山顶，五檩无廊式构架。殿内两山墙及后墙保存有明代佛教壁画38平方米。

1/2 ① 殿内壁画 ② 沿山寺

曹洞宗派传承图塔

位于五台县台怀镇下庄村西400米处。青石质八角二层经幢，通高4.3米。坐南向北，塔基八角形莲花座，每边长0.65米。一层塔身平面八边形，高1.95米，每边长0.43米，刻有陀罗尼经、曹洞宗的宗派字号传承情况。塔檐八角形莲花宝盖，塔刹已不存，明嘉靖六年（1527年）立。是研究五台山佛教的重要实物资料。

① 曹洞宗派传承图塔
② 曹洞宗派传承图塔题刻
③ 曹洞宗派传承图塔远眺

上黑峰石塔

位于太谷县侯城乡上黑峰村西北约1千米的爱黄坪山坡上。创建年代不详，现存建筑具有明代风格。单层方形石塔，通高5.35米。塔基由七层条石砌筑，平面呈长方形，塔身方形，由八层砂石砌筑，塔身南向砌一神龛，火焰形龛门，两侧楹联书“始开衣裳主，运际升平王”，门楣上书“如在其上”，门额上嵌青石匾一块，书“玉皇大帝”。塔刹由九层砂条石砌筑，渐收呈四棱锥体，上置宝珠刹尖。

① 上黑峰石塔
② 石塔正面神龛

岩公大和尚舍利塔

位于五台县台怀镇新坊村火厂自然村西北约900米处。喇嘛式石塔，塔通高约3米，明代建筑风格。塔基平面呈四边形，每边长1.2米，塔座须弥式，束腰部刻有“明故圣水堂上开山第一代住持古峰岩公大和尚舍利宝塔”题记，塔身用两块巨石垒砌成覆钵式，方形刹座宝瓶式，塔刹已毁。

① 题记
② 舍利塔远景

下楼桥砖塔

位于吕梁市离石区田家会街道办下楼桥村东庙梁。始建年代不详，现存建筑为明代风格。五层楼阁式砖塔，通高6.4米。塔基平面六角形，塔身素面，檐下饰有阑额，每角饰有砖雕斗拱，塔檐叠涩收束，塔顶六角攒尖式，葫芦形塔刹。

下楼桥砖塔

赵家峪五龙寺

位于繁峙县下茹越乡赵家峪村。创建年代不详，现存东殿为明代建筑，余均为清代建筑。坐北朝南，占地面积512平方米。周设石砌围墙，形如堡寨，一进院落布局，中轴线上建有戏台、抱厦、正殿，东侧为东殿。东殿面宽三间，进深三椽，单檐悬山顶，四檩前廊式构架，前檐两侧设八字墙，格扇门窗。

1 ① 五龙寺
2 ② 五龙寺东殿

舍利塔

龙跃舍利塔

位于平遥县朱坑乡龙跃村南。明代建筑风格。原为村内铁佛寺僧众的墓塔，寺院早毁，现仅存砖塔。单层喇嘛式实心砖塔，由塔基、塔身、塔刹三部分组成。残高约5.7米。塔基平面呈八边形，饰有仿木结构勾栏，每边长1.15米，塔身呈圆形，南侧镶有方形石碣一方，文字已漫漶。塔刹由基座、相轮和宝顶三部分组成，基座四面各设砖雕神龛一个，圆形相轮六层，宝顶不存。

圣佛寺塔林

位于广灵县宜兴乡直峪村南。俗称“和尚坟”，原为宝峰寺历代住持和僧人的墓地，时代约为辽金至清代。占地面积约4000平方米。塔林中现存舍利塔16座，大多为明清时期遗物。塔多为喇嘛式砖塔，直径1.5～2米，残高3～5米，塔基八角形须弥座台基、覆钵塔身和相轮塔刹组成，造型古朴，形态各异。

① 直峪圣佛寺舍利塔群
② 1号墓塔
③ 2号墓塔
④ 3号墓塔

罗泊山文笔塔

位于交口县回龙乡罗泊山村西南约200米。建于清道光十九年（1839年）。塔呈锥形，通高约9米，平面呈六边形。基座青石砌筑，每边长0.8米，塔身素面，下部青石垒砌，上部用砖垒砌，塔身中部有石碣1方，文字已漫漶不清。塔上部饰有“文耀七煞”、“消恶”、“一善”等砖雕匾额。塔尖为毛笔状，笔尖为红色砂岩。

罗泊山文笔塔

第一世察汗活佛灵骨塔

位于五台县台怀镇新坊村火厂自然村东南约400米。塔建于清代，是第一世察汗活佛的灵骨塔。坐西向东，汉白玉砌喇嘛式石塔，通高15.8米，塔基汉白玉石砌四方形，每边长10.25米。石砌宝瓶式塔身，塔刹为十三层汉白玉雕造，上施仰月、宝珠，保存完好，是五台山汉传佛教与藏传佛教交流的重要见证。

第一世察汗活佛灵骨塔

桥涵码头

秋晴桥

位于灵石县两渡村西。创建于清乾隆年间，南北向七孔石拱桥，砂石栏杆，栏杆望柱上有南瓜等石雕，全长97米，宽5.8米。是古代桥梁研究的珍贵实物资料。

秋晴桥

泰山桥

泰山桥

位于中阳县暖泉镇岳家山村东南约30米的青楼沟上。据石碣记载，建于清咸丰元年（1851年）。东西走向，桥长31.8米，面宽4.5米，为三拱四墩石桥，红砂石条砌筑。存修桥碑两通、碣一方。碑现移至村内，碣嵌于桥东北石窑的南壁上。

枕沟桥

位于洪洞县龙马乡张家庄村西北1千米处。创建年代不详，据重修枕沟桥碑记载，民国二十四年（1935年）重修。单孔石拱桥，南北走向，跨季节河，桥面全长25米，宽4米，土路面；桥孔净跨3.25米，矢高3.8米，通高20米；桥体东、西两面以石块表砌。桥南端东侧砖砌碑楼一座，内嵌碑一通，阳面记载重修枕沟桥事宜，阴面有张家庄、韩家庄及大宁、隰县等地捐资人姓名，由此可知，张家庄枕沟桥曾为沟通洪洞和隰县、大宁县的交通要冲。

① 枕沟桥
② 枕沟桥西立面
③ 枕沟桥东立面
④ 重修枕沟桥碑楼

池塘井泉

琉璃井

又称金波井，位于代县上馆镇东北街村琉璃井街西侧。据《代县志》载，宋朝已有，时人用井水酿酒。现存四个井眼呈“井”字形分布，距离最远1.15米，最近0.95米，井眼直径0.33米。井壁呈八边形，石砌而成。

琉璃井

西城水井

位于浮山县米家垣乡滑家河村西城自然村南。据井南观音菩萨庙西山墙壁上石碣记载，水井凿于清代。水井深约60米，井口直径约1米，井台为圆形石盘直径约2.6米，井南观音菩萨庙西山墙嵌石碣1方，长约0.50米，宽约0.35米。碑文楷书，正文2行，记载清嘉庆元年村民掘井等事宜。

1 | 2
3

① 西城水井
② 井口
③ 创建水井石碣

尧庄双眼井

位于陵川县崇文镇尧庄村。铁制井口沿上有 “道光壬辰”（1832年）字样。井口径0.6米，水面距地表约15米。井口铁质，圆形，井筒用磨光的青石砌成六边形。井口铁圈上一道道深深的痕印是其古老历史的见证。

① 井口绳痕、题记
② 尧庄双眼井

其他古建筑

西郭村施茶所

位于临汾市尧都区魏村镇西郭村中。坐北向南，占地面积78.4平方米。现存砖砌窑洞3孔，窑洞板门题记“西郭村施茶所”。窑洞东侧有创建施茶所碑。据碑文记载，施茶所创建于清乾隆四十一年（1776年），是西郭村全体村民共同筹料出工建造的，为来往行人、车辆提供驻歇和施舍茶饮的专门设施。施茶所作为清代民间慈善机构，具有较高的历史研究价值。

① 西郭村施茶所
② 板门题记
③ 施茶所碑

解州官仓

位于运城市盐湖区解州镇红旗街。据建仓碑刻记载，建于清光绪八年（1882年）。占地面积1.1万平方米。坐南朝北，为前院后场二进院落布局，主体建筑采用了独特的立木框架结构，墙体厚实，其中仓顶设有通风口，地下架空的厚木板，宽厚的墙体，使粮仓具有冬暖夏凉和防鼠、防虫、防霉变的功效。后院南端为一排长达65米，宽12米的仓房，中三间为供奉粮神的大殿，殿内原有粮神像和建仓碑刻，现像已被毁，碑刻埋于库房防潮板下。该官仓是全省现存较少的清代国库粮仓，为研究清代粮仓建制及规模提供了重要实物资料。

解州官仓

1 ① 圈马坪官房
2 ② 重修碑

圈马坪官房

位于和顺县松烟镇圈马坪村中。官房为当地村民议事的公共场所。创建年代不详，现存为清代建筑风格。占地面积41.82平方米。坐北朝南，为单体建筑，石砌台基，面宽四间，进深五椽，单檐硬山顶，六檩前出廊式构架，檐下斗拱三踩单翘，斗拱雕饰华丽，龙首形翘头交异形拱，檐檩、斗拱均施彩画。官房前立民国重修碑1通。为研究晋中地方建筑类型及社会史提供了实物例证。

吕庄自流井

位于闻喜县郭家庄镇吕庄村中。是吕庄村民利用自然地势高差和石质水槽，将村北的苇沟山泉水引入村中，每隔一段设立井房，房内砌筑水池，最后流入泊池，逐点提供村民用水的自流井供水系统。创建年代不详，据2号井房即村中娘娘庙的钟楼形制判断，至迟在清代就已存在。现存井房4座、泊池一座及改造后的管线1050余米。至今仍在正常使用。

1 | 2 3 4

① 2号井房
② 吕庄自流井
③ 水池
④ 水槽

石窟寺及石刻

岩画

摩崖石刻

石窟寺

石窟寺

大沟湾石窟

位于忻州市忻府区合索乡苗庄村西约2.5千米大沟湾山崖中部。石窟坐北向南，现存一窟。窟高1.15米，宽0.75米，深0.9米，三壁三龛，平顶。正壁正中为尖拱龛楣圆拱龛，龛楣饰七佛，内为主尊；两侧为长方形龛，各雕一胁侍；龛下为二蹲狮；龛外满雕千佛。正壁主尊结跏趺坐，着双领下垂式袈裟，头像、衣纹漫漶。右壁龛形、造像同正壁。左壁为长方形龛，主尊为交脚弥勒，其余同正壁。窟顶用“十”字界格分为四区，各雕飞天一躯。窟外左右各雕力士一躯。从窟龛形制、造像组合及造像特点分析，应为北魏晚期作品。

1 2 3

① 大沟湾石窟
② 窟顶
③ 正壁

七佛山石窟

位于高平市米山镇米东村七佛山山腰。石窟开凿于一巨型岩石上，立面面积约40平方米，现存东西两窟。东窟窟门方形，穹隆顶，三壁三龛，造像组合为一佛二弟子，窟门两侧各雕一力士。为北魏造像风格。窟外残存两龛，大龛为一佛二菩萨二弟子二力士，主尊结跏趺坐于束腰须弥座上，饰舟形大背光；西窟现存一佛二菩萨，均为立像，其中主尊像高约3.5米，三尊塑像保存基本完好，衣纹清晰。该窟的发现为研究晋东南地区北朝石窟艺术又增添了新的珍贵的资料。

1 | 2 / 3

① 西窟主尊
② 东窟
③ 东窟外大龛

釜山石窟

位于高平市寺庄镇釜山村北约500米北山上。立面面积约10平方米。该石窟雕凿于一块大砂岩上，坐东朝西。窟门方形，门外两侧雕凿世俗形象的力士，有圆形头光。窟平面长方形，覆斗顶，三壁三龛，余空白处雕有千佛龛及瑞兽。正壁造像组合为一佛二弟子二菩萨，主尊结跏趺坐于方形台座上，饰舟形大背光及圆形头光，着褒衣博带式袈裟，双领下垂，袈裟下摆呈水波状覆于座前；左侧菩萨已毁，右侧菩萨跣足立于覆莲座上。造像为北朝风格。

1
2 | 3

① 釜山石窟
② 正壁
③ 窟顶

官寨石窟

位于榆社县西马乡官寨村东300米石儿山顶上。立面面积约80平方米。现存3窟3龛。1号窟和1号、2号龛内佛像不存，2号窟和3号龛内佛像风化严重。3号窟平面近似方形，窟宽1.2米，深1.7米，高1.7米。窟内设低坛，三壁三龛，均雕一佛二弟子，主尊高0.60米，结跏趺坐于束腰须弥座上，背后饰圆形头光。弟子通高0.70米，跣足立于莲座上，背后饰圆形头光，双手合十。具有北朝造像风格。

① 第三窟正壁造像
② 官寨石窟

千佛岭石窟

位于浑源县千佛岭乡龙咀村西南约3000米。占地面积约80平方米。千佛岭上有一块天然大峭石，石上建有千佛宝塔，塔为4层，呈六角形，座高2米，塔身上砖雕“千佛宝塔”4字。塔下峭石南面有3个石窟，名曰千佛洞。千佛洞内雕刻数以千计的小石佛。石窟前现存明天启六年（1626年）拾地碑记一通。

	2
1	3
	4

① 千佛岭石窟
② 1号窟内主尊
③ 小龛
④ 2号窟内景

摩崖石刻

①石刻题记

②全景

后托盘摩崖造像

位于沁水县后托盘村南200米，季节性河流两侧红砂石上。石刻长3.2米、高2米，共雕凿2个大龛，大龛左右均为千佛龛。雕凿时间在北魏延昌二年（513年）、延昌四年（515年），造像以一佛二弟子、供养菩萨、小佛龛为主。

上寨摩崖造像

位于安泽县良马乡上寨村西约1千米。北齐河清二年（563年）雕凿。造像坐北向南，宽1.85米，高1.3米，分上下两区。上区凿两龛，西龛雕一佛二菩萨二弟子，下雕二瑞兽及供养人；东龛雕一佛二菩萨二弟子二护法，下雕二瑞兽。下区刻雕凿题记“大齐河清二年六月癸巳初八日……”。雕像刀法洗练，线条流畅，题记明确，具有较高的历史、艺术价值。

1/2 ① 上寨摩崖造像
② 题记

大佛山摩崖造像

位于高平市米山镇张壁村西北大佛山山腰。坐北朝南，面积约10平方米。造像凿于砂岩上，宽约2.15米，高约3.87米。南北两面均有造像，从整体看具有北朝造像风格。南壁有上下两龛，下龛为一佛二菩萨，佛头像已毁，结跏趺坐，身着袒右式袈裟，龛下刻有供养人名字。北壁正中凿有一尊大佛，半跏趺坐于一瑞兽之上，两侧莲台上立有侍童，大佛上为一坐佛，结跏趺坐，身着褒衣博带式袈裟，头部已毁，稍下两侧有一佛一弟子。该处摩崖造像内容丰富，对于研究北朝佛教艺术具有重要价值。

1 | 2 | 3 ① 南壁
② 北壁主尊
③ 北壁局部

1 ① 局部
2 ② 南泉摩崖造像

南泉摩崖造像

位于沁县南泉乡南泉村东北。造像雕刻于崖面上，坐东朝西，共有24尊，形象为佛及供养人。造像为线刻，以佛为中心，左右分列供养人。供养人两侧有题记但无纪年。从题记中的古地名推知，造像雕凿于北魏时期。以这种高低错落、形态生动、灵活自然的形象出现的供养人在造像中不多见，为研究佛教世俗化提供了重要的实物资料。。

① 1、2号龛
② 3号龛

赵村摩崖造像

位于和顺县阳光占乡赵村东。隋开皇七年（587年）雕凿，立面面积约60平方米。造像由西向东分布2区4龛。一区2龛皆为尖拱形，龛宽0.36米，高0.8米，龛内雕一佛二弟子，佛身披袒右式袈裟，结跏趺坐于方形台座上，二弟子双手合十，跣足立于两侧，佛台下雕蹲狮，龛外壁有“大隋开皇七年四月八日……”题记。二区2龛也皆为尖拱形，龛宽0.4米，高0.3米。3号龛掩埋于地下，仅暴露出站佛1尊。此处造像雕凿年代明确，对研究该地区北朝到隋唐的佛教传播以及石刻艺术的发展提供了新的实物资料。

张家庄摩崖造像

位于新绛县泽掌镇张家庄村西北。坐西南面东北，分布于高2.4米，长8.15米的山前崖壁上，立面面积约20平方米，北宋嘉祐七年（1062年）雕凿，有大小龛4座。小龛为一铺七身造像，均有背光。大龛内为观音造像，两龛上刻男女供养人像及姓名。右龛内雕坐佛3尊，神态各异。该石窟对研究佛教文化在晋南的传播及石窟寺的演变发展提供了珍贵的实物资料。

张家庄摩崖造像

1	2
3	4

① 造像龛
② 题记
③ 局部1
④ 局部2

刘村摩崖石刻

位于浮山县北王乡乔家垣村刘村自然村西南。金天会九年（1131年）雕刻，面积约6平方米，线刻佛像4组。第一组刻一佛二弟子，均为坐像，下有人名题记；第二组刻一铺三身，左侧有人名题记；第三组为佛坐像，右侧为站立像，下题“本户六日伍日赵记，天会九年二月立……”。第四组线刻一坐佛，题字漫漶。

① 刘村摩崖石刻
② 局部1
③ 局部2
④ 题记

1 | 2
3

① 佛龛
② 线刻佛像
③ 北龙山摩崖石刻

北龙山摩崖石刻

位于繁峙县金山铺乡北河会村北，俗称罗汉崖。石刻立面面积约15平方米，开凿佛龛70龛，龛高0.26～0.6米，宽0.02～0.32米，深0.12～0.26米，龛内无造像，时代不详。佛龛上部线刻佛像1尊，结跏趺坐于仰覆莲座上，明代风格。

孤峰山摩崖造像

位于万荣县孤峰山巅法云寺西侧巨石之上，坐西向东，造像具有明代风格。龛内雕凿一观音像，观音双手合十，结跏趺坐在莲花之上，龛外北侧有题记，漫漶不清。造像龛南侧约2米雕凿一道教人物造像，结跏趺坐于重叠莲花座上。

1/2
① 孤峰山摩崖造像
② 题刻

庙湾摩崖造像

位于沁水县苏庄乡西古堆村庙湾自然村北，坐北朝南，立面面积约2平方米。从风格判断，为明代造像。造像为千手观音，头戴宝冠，眉间有白毫，双耳及肩，颈饰蚕纹。造像除胸前双手合十外，其余手各持法器环绕于身体四周，背光为千手。造像造型精美，雕刻细腻，具有较高的艺术价值。

庙湾摩崖造像

清水河摩崖造像

位于五台县台怀清水河东岸的崖壁上，断续分布于长约500多米的崖壁上。时代不详。造像为佛教题材，分浮雕、线刻两种形式，佛像造型端庄，线条粗犷，是较为少见的密宗造像。

① 浮雕造像
② 线刻佛像
③ 浮雕造像

西沟摩崖造像

位于五台县台怀镇新坊村西沟自然村北。时代不详。单龛。龛为圆拱形，龛内浮雕藏传佛教造型的释迦牟尼佛，佛上方为结跏趺坐的小佛3尊。佛像两侧饰有花卉、祥云。造像采用浮雕技法，佛像造型端庄，雕刻手法洗练。

① 造像龛
② 摩崖造像远景

西沟梵文摩崖石刻

位于五台县台怀镇新坊村西沟自然村北。经文刻于崖边的巨石上，全长2.4米，宽1.3米，经文共15行，梵文书写。约为明代。

① 石刻局部
② 梵文石刻

岩画

化岩角山岩画

位于襄垣县下良镇圪岔街化岩角山西沟岩洞顶部。岩洞坐东朝西，洞口岩壁上由北向南依次排列岩画6幅，立面面积4.24平方米。除第二幅为本尊说法图外，两侧皆为供养人像。人物躯体修长，褒衣博带，双手合十，面朝主尊聆听说法。每人头侧有黑色条框，应为供养人姓名。岩画因长期受山水冲刷，画面腐蚀较重。洞口岩壁下部部分崩塌。由绘画风格分析，应为北魏遗存。早期的佛教岩画发现极少，在上党地区尚属首次，对于进一步研究北魏时期佛教在我国北方地区的传播经过及佛教绘画艺术有着极其重要的史料价值。

1 | 2 ① 化岩角山岩画
② 局部

近现代重要史迹及代表性建筑

其他近现代重要史迹及代表性建筑

典型风格建筑或构筑物

交通道路设施

军事建筑及设施

医疗卫生建筑

文化教育建筑及附属物

水利设施及附属物

中华老字号

金融商贸建筑

工业建筑及附属物

烈士墓及纪念设施

宗教建筑

传统民居

名人故、旧居

重要历史事件纪念地或纪念设施

重要历史事件和重要机构旧址

重要历史事件和重要机构旧址

荣河县署

位于万荣县荣河镇北街中部。民国十年（1921年）县署因水患迁于现址。坐北朝南，中轴线上现存大堂、二堂、三堂。大堂面宽三间，进深四椽，单檐悬山顶；二堂体量较小；三堂砖木结构二层建筑， 面宽五间，进深四椽，单檐歇山顶，前檐中下部加砌牌坊式砖墙，雕饰几何图案。

① 三堂
② 荣河县署
③ 大堂

东蔡村公所

位于新绛县泽掌镇东蔡村中心。坐北向南，占地503平方米。据过厅石碣载，村公所建于民国十三年（1924年）。作为村级行政管理机构所在地一直沿用至今。二进四合院落，保存完整。现存南房、过厅、议事大厅为村公所主要办公场所。东蔡村公所是为数不多的近代村公所实物，厅房内外墙上仍存有部分60年代以来反映不同历史时期的标语、口号、绘画及宣传公告栏等，记录了村公所衍替的历史。

① 东蔡村公所
② 碑碣

北阳城八路军总部驻地旧址

位于稷山县清河镇北阳城村南。1937年9月6日，朱德总司令率领八路军总部机关工作人员从陕西云阳镇出发，东渡黄河开赴山西抗日前线，9月18日抵达北阳城村，总部驻扎于一座清代创建的四合院内。院落坐北向南，占地面积318.3平方米。三间正房为总部指挥部所在，两侧耳房为通讯部，东、西厢房分别为政治部主任任弼时和参谋长左权的办公室。北阳城八路军总部驻地是山西抗日根据地创立前八路军首脑机关活动的重要史迹。

1 | 2
3

① 北阳城八路军总部驻地旧址
② 指挥部（正房）
③ 任弼时办公室（东厢房）

襄垣县抗日政府旧址

位于襄垣县王村镇西岭村。襄垣县抗日政府成立于1938年，西岭村是1940～1944年是襄垣县抗日政府所在地。在此期间，抗日政府积极宣传抗日，发动群众，为抗日战争进入反攻阶段奠定了坚实的政治基础和组织基础。旧址坐北朝南，主体建筑是位于北部的一排土窑共12孔，以土坯院墙和门楼分隔为四处院落，每院除正北的3孔窑洞外，东西各有厢房3间。

① 襄垣县抗日政府旧址
② 院门

岭南华北新华书店总店旧址

位于左权县麻田镇岭南村。1942年1月至1944年总店设于此。期间，发行了大量革命报刊、书籍。有《毛泽东选集》一、二卷、《马列主义纲要》、《反对党八股》、《论持久战》、《阿Q正传》、《高尔基》等。1944年11月1日，为纪念邹韬奋曾更名为“韬奋书店”。旧址系一李姓宅院，坐北朝南，四合院落，现存硬山顶瓦房5间，平顶石砌房屋8间，为20世纪30年代建筑。院内墙壁上保存有“文化大革命”时期的毛主席语录、口号等。

① 标志牌
② 墙面现存毛主席语录
③ 华北新华书店总店旧址

中共中央中原局党校旧址

位于晋城市城区北石店镇南石店村。中共中央中原局成立于1938年11月，原在河南省境内。1947年2月，中原军区司令员李先念率中原军区突围部队保护中共中央中原局机关，经湖北、陕西，进入山西，最后进驻南石店村，并将中原局党校设在该处。旧址为一民国时期建造的东西两组三合院，东西院中间有一街巷分隔，象征“楚河汉界”，是一处比较典型的“棋盘院”。

1 ① 中共中央中原局党校旧址
2 ② 院门

重要历史事件纪念地或纪念设施

百团大战纪念地

位于阳泉市城区狮脑山珠峰山顶。百团大战是1940年八路军与日军在中国华北地区发生的一次规模最大、持续时间最长的战役。八路军的晋察冀军区、129师和120师在总部统一指挥下，发动了以破袭正太铁路为重点的战役。1987年，在当时主战场之一的狮脑山珠峰山顶建纪念设施。纪念碑呈三棱刺刀形，高约39.2米。正背面有彭真和徐向前题词。

1 | 2 ① 百团大战纪念地
② 百团大战纪念碑

太原解放纪念地

位于太原市杏花岭区中涧河乡瓦窑头村西南的牛驼寨。牛驼寨为解放太原的主战场之一，1949年，中国人民解放军经过浴血奋战，攻克了牛驼寨等东山四大要塞，于1949年4月24日解放太原。1959年在此修建烈士陵园，1988年将陵园扩建为太原解放纪念馆。1989年4月24日太原解放40周年之际，“太原解放纪念碑”落成，与胜利街东西呼应。碑名由徐向前元帅题写。

太原解放纪念碑

稷山钢铁公路纪念碑亭

位于稷山县西社镇水庄村东北的台运公路（台头－运城）东侧，由坐东朝西的南北两座碑亭组成。1958年，稷山县人民政府为“大炼钢铁”专门修筑了稷山县至乡宁县的“钢铁公路”，竣工后修建两座碑亭以作纪念。南北碑亭石方柱阴刻“群策群力凿开钢铁公路，劳武结合练成卫国英雄”等8幅对联。北亭内立《钢铁公路纪念碑》，南亭内立《褒扬碑》。

1/2
① 稷山钢铁公路纪念碑亭
② 稷山钢铁公路纪念碑

名人故、旧居

李通故居

位于新绛县泽掌镇程官庄村内。李通，字子中，新绛县泽掌镇程官庄村人，大益成纱厂的创建人。故居坐西向东，占地659.6平方米。据绣楼梁脊板记载，建于民国十三年（1924年）。原为二进院落布局，现仅存大门、二进院门楼、前院东厢房及后院西厢房，其余均毁。其建筑风格和装饰艺术极具时代特征。

① 李通故居前院
② 后院西楼

华国锋旧居

位于交城县天宁镇永宁南路29号。华国锋（1921～2008年），原名苏铸，山西交城人。曾担任党和国家重要领导职务。旧居坐西朝东，始建于清末，四合院布局。华国锋曾在东厢房最南间居住。1938 年华国锋离开这里，参加革命队伍。

华国锋旧居

1
2 4
3

① 旧居全景
② 中院西房内暗道
③ 东院
④ 院门

张维卿旧居

位于太原市尖草坪区上兰街道办事处上兰村南，亦称“张公馆”。张维卿，字直君，清末毕业于士官学校，骑兵科举人，曾先后担任山西省督军府军械局局长、平太铁路运输中将司令、绥靖公署参议等职务。旧居始建于清光绪三十二年（1906年），三年完工。坐北朝南，由中、东、西三院组成，占地1262平方米。院门设于中院，院南部东西设门通向东、西两院，中院西房内有地道与西院西楼相通。西院西楼为中西合璧建筑。

传统民居

康村2号民居

位于闻喜县畖底镇康村。始建年代不详，民国五年（1916年）重建。占地517平方米，坐西朝东。原为二进院落，现仅存内院正厅、北厢房和两座门楼。外门楼为砖仿木结构，雕刻有花卉、人物、五福捧寿、瑞兽、元宝等传统吉祥图案，门额题刻“璧月悬”、“卿云聚”。内门楼门匾题“安贞吉”。

1 | 2/3

① 西厅和北厢房

② 题记

③ 门楼

① 正房
② 院门
③ 阎锡山题字

陈家宅院

位于繁峙县杏园乡古家庄村。据院门匾额题记载，当地名医陈毓润于民国八年（1919年）所建。占地面积494平方米。坐北朝南，一进院落布局，现存大门、影壁、正房和东西耳房。正房面宽三间，进深四椽，单檐硬山顶。影壁上部砖雕仿木结构斗拱。大门两侧设八字砖砌影壁。陈家世代行医，医术高明，山西省督军兼省长阎锡山为其题字“驱疴有方”。

孟氏宅院

位于榆社县北寨乡孟家庄村。据题记，建于民国十八年（1929年）。坐北朝南。一进四合院布局，中轴线由北向南依次为正房、南房，两侧为东西厢房和门楼。砖木结构门楼，两侧浮雕有秦琼、尉迟恭门神像，房屋墙面石雕采用浮雕、线刻手法，雕刻题材有三国演义、杨家将、白蛇传等戏曲故事及传统吉祥图案。

① 正房
② 院门
③ 石雕门神

曹生香宅院

位于平顺县西社村东南。为村内富商曹生香的宅院。据匾额题记，民国十八年（1929年）创建。宅院坐北朝南，原为三进院落布局，现存二进院落。房屋门窗均为砖雕拱顶，院门为仿西式风格，额题“平为福”。宅院现存砖、石雕题材丰富，雕饰精美。

1	3
	4
2	5

① 戏曲石雕
② 院门
③ 匾额
④ 砖雕
⑤ 砖雕福寿图

平為福

花開富貴迎百

1
2 | 3
① 东坪1号民居
② 正房顶墙砖雕
③ 拴马桩

东坪1号民居

位于大同县瓜园乡东坪村南部。创建年代不详，现存建筑为民国时期风格。占地面积192平方米，坐北朝南。原为四合院布局，现仅存正窑3孔，为前墙砖砌的土窑洞，平顶。前檐顶部每间均设山花状女墙，墙面正中砖雕富贵平安、把莲、缠枝花等图案，雕工精细。院门外侧现存青石质拴马桩1个，镂雕4猴托5桃，寓意福寿双全，家族兴旺，充分反映了主人追求美好生活的愿望。

马氏宅院

位于介休市连福镇东狐村德安堡自然村中。创建年代不详，现存为民国时期建筑。占地面积 945平方米。坐北朝南，原为四合院布局，现仅存大门及南房。大门两侧设罗马柱，顶设山花墙，正中雕饰花卉图案。南房为砖券窑洞，前檐设廊，廊柱为罗马柱，各间柱上部设拱形砖券，石质起凸楣饰，呈扇形分布于券楣部，拱形门窗。体现了中西建筑的风格。

1/2 ① 院门 ② 正房

王文学老宅

位于新绛县古交镇下院村西南部。坐北向南，四合院布局，东西16.3米，南北28.4米，占地面积362平方米。创建年代不详，据形制判断为民国时期。该宅院布局合理，结构严谨，砖、石、木雕工艺精湛，保存完整，在近代民居中属上乘之作，历史、艺术价值珍贵。

门楼镂雕葵花、荷花、牡丹图案，通间花替浮雕夔龙纹、“福禄寿”三星及凤凰、花草图案。明间柱础为须弥座加鼓式，上雕狮子滚绣球及戏剧人物图。

1	3
2	4

① 北房柱础
② 王文学老宅
③ 门楼木雕
④ 北房通间花替局部

宗教建筑

林头天主教堂

位于榆社县云竹镇林头村东。清光绪八年（1882年），太原教区派意大利籍郑默多神甫到林头村管理教务。清光绪十年（1884年），神甫自筹资金兴建此堂。教堂占地240平方米，坐北朝南。现存礼拜堂、会客室、宿舍和休息室。礼拜堂为哥特式建筑风格。

林头天主教堂

八台天主教堂旧址

八台天主教堂旧址

位于左云县三屯乡八台村北的摩天岭。建于清光绪十六年（1890年），是当时左云及周边地区天主教徒活动中心。现仅存圣母堂前墙，哥特式建筑风格。是大同最大的天主教堂遗存。

南杜壁教务府

位于霍州市陶唐峪乡南杜壁村中，据地方文献记载，清光绪二十六年（1900年），由荷兰人柯神甫利用庚子赔款主持建造，五年竣工。教务府占地1.1万平方米，坐南朝北，为中西合璧的建筑组群。现存大门、北大院区、小灶房院区、神父院区。平面布局呈“T”形。砖仿木构大门设“八”字影壁。门额和影壁砖雕花草、神器等图案。天主堂位于院西，坐东朝西，哥特式建筑风格。

1 | 2/3
① 天主堂
② 大门
③ 天主堂内部

小寨天主教堂

小寨天主教堂

位于泽州县大箕镇下河村（原小寨村），亦称“圣母玫瑰堂”。民国三年（1914年）由荷兰人所建。教堂建于一块巨石上，哥特式建筑风格，建筑宏伟壮观，曾是泽州周边五县的传教中心，与长治尼格老堂和马厂堂并称晋东南三大天主教中心。

下石碣峪村天主堂

位于朔城区沙塄河乡下石碣峪村。由德国方济各会士于民国九年（1920年）创建，占地面积4100平方米。天主堂为中西合璧建筑风格，前檐上部原建有钟楼，现仅余楼基。该教堂自创建至今一直是朔州地区的主要教堂之一。

1/2 ① 天主堂外景
② 天主堂内部

小南安天主教堂

位于文水县南安镇小南安村。坐北朝南，占地面积850平方米。民国十五年（1926年）创建，哥特式砖混建筑，塔楼高耸。教堂内设祭衣所，祭台，乐台，可同时容纳500人做礼拜。教堂规模较大，建造考究，为研究吕梁地区天主教堂的建筑形制提供了重要实物资料。

小南安天主教堂

烈士墓及纪念设施

禹门口抗日纪念摩崖石刻

位于河津市清涧街道办龙门村西2千米的石崖壁上。1938年12月25日至30日，国民革命军陆军第六十一师（新编第八师）在禹门渡口与偷袭日军激战，粉碎了日军占领禹门，进犯大西北的企图。271名将士壮烈牺牲。1939年9月18日，在此题刻了国民党6位军政要员纪念烈士的手书题词。自上而下依次为：林森“气壮山河”、孔祥熙“精神不死”、阎锡山“伟绩千秋”、于右任“成功成仁”、宋希濂“口却扶桑”和李文“气壮龙门”。

1 | 2 ① 禹门口抗日纪念摩崖石刻
② 国民党军政要员题词

陸軍第
氣壯山河
成功成仁
氣壯龍門

工业建筑及附属物

大益成纺纱厂旧址

位于新绛县城西南2.5千米处的桥西村南部。清光绪二十年（1894年）由新绛人李通创建。历经绛州纺纱厂、新绛工艺公司、新绛大益成纺织股份有限公司、新绛三林纺织厂、晋南纺织厂、新绛纺织厂等，已有110余年的历史，是中国最早开办的民族纺织企业之一。旧址坐南朝北，占地面积5万余平方米。现存动力区机电楼、锅炉房、水塔、除尘塔、八角烟囱等。是研究我国纺织业和山西民族工业发展史的重要实例。

1 | 2 / 3

① 大益成纺纱厂旧址
② 动力部机电楼及锅炉房
③ 厂动力部水塔

简子沟煤矿

位于阳泉市矿区简子沟西侧。山西保晋公司（1907～1937年）创建。1937年日军侵占阳泉时改建为电气化生产线，1945年停止使用。现存竖井和选煤生产线及办公院落两座。简子沟煤矿的创建开山西近代煤炭开采之先河，是山西争矿运动的产物。

简子沟煤矿选煤生产线

①厂区
②南门
③纺机

晋华纺织厂

位于榆次区晋华街。坐北朝南，总占地11.4万平方米。民国八年（1919年）创建，初名“晋华纺织股份公司”，民国十三年（1924年）投产后改为现名。是近代山西规模最大的民族纺织企业，也是解放后山西轻纺工业的代表和华北地区最大的纺织厂。现存东门、南门、办公楼、车间、水塔、库房及部分生产设备、设施。厂区布局完整，是一处重要的近现代工业遗产园区。

西北炼钢厂2号高炉

位于太原市尖草坪区太原钢铁（集团）有限公司（简称“太钢”）厂区内，西北炼钢厂是太钢的前身，民国二十一年（1932年）6月创建。2号高炉建于民国二十三年（1934年），容积为287立方米，与热风炉相连。高炉一直使用至2007年，是太钢历史最久和使用年限最长的高炉，是研究近代炼钢技术的重要实物资料。

西北炼钢厂2号高炉

毛家庄瓷窑

位于柳林县柳林镇前毛家庄村西。柳林镇毛家庄、屈家沟、胡家垣等地，制瓷历史久远，在当地有“民间瓷都”之称。现存20世纪30～80年代的完整瓷窑就有45处。毛家庄瓷窑创建于20世纪30年代，瓷窑为石料和瓷砖砌筑的馒头窑，从保留遗物看，主要产品瓮、缸、盆、碗等生活用具和一些小件的工艺品，以黑釉为主。

1
2 | 3

① 毛家庄瓷窑
② 馒头窑
③ 瓷窑内顶

江阳化工厂

位于太原市尖草坪区迎新街。始建于1954年。是国家“一五”期间投资兴建的156项重点工程中35个武器和军事物资工程之一，是中国兵器工业集团公司的骨干军工企业。建厂以来为国防事业和国家的经济建设做出了重大贡献。现存建厂时主要建筑有由苏联专家设计的厂办公楼和宿舍楼。

① 办公楼

② 36号宿舍楼

1
2 | 3
① 厂房
② “跃进型”蒸汽机车
③ “和谐”号电力机车

大同机车厂

位于大同市城区大庆路前进街。始建于1954年，占地233.75万平方米,曾是我国最大的蒸汽机车制造厂，累计生产各型蒸汽机车5000余台，为新中国铁路运输发展做出了巨大贡献。是中国铁路干线电力机车的主要生产基地。现厂内保存有“跃进型”蒸汽机车和“和谐号”电力机车等不同时期的各型机车。

会里面粉加工厂

位于平定县巨城镇会里村中。建于1960年。为上砖下石混筑的窑院，坐东朝西，现存正房为当时厂房。中西合璧的门楼装饰富有特色，顶壁刻三面红旗及五星齿轮图案。门匾刻“机械革新、一九六零年建”和“会里面粉加工厂”。匾侧刻“人民公社是天堂，社会主义是桥梁”对联。是人民公社时期重要的农办工厂实例。

① 会里面粉加工厂
② 门匾
③ 厂房

① 窑洞厂房
② 宿舍楼

宁武兵工厂旧址

位于宁武县涔山乡。建于1966年，属国家“三线”建设项目之一。宁武兵工厂，对外称“宁武国营长城机械厂”（代号187），1981年撤销。现存窑洞厂房和宿舍楼等。厂房内留有部分壁画、标语，富有时代特色。是一处保存较完整的现代军事工业遗产。

太钢渣山公园

位于太原市尖草坪区太钢工业园区内。1983年开始，李双良在太钢渣场治理中推行“以渣养渣”的环保策略，将堆积了50多年的1000万立方米的废渣山改造成环境优美的渣山公园。是改造环境的典范。1988年，被联合国环境规划署列入《保护及改善环境卓越成果全球500佳名录》，荣获“全球500佳”金质奖章。1992年，李双良铜像落成于太钢渣山公园。1990年，江泽民为此题词。

① 江泽民题词
② 太钢渣山公园
③ 渣山
④ 太钢渣山公园远眺
⑤ 李双良塑像

平朔安太堡露天煤矿

位于朔州市平鲁区和朔城区交界处。1984年，中国煤炭开发总公司与美国西文石油公司签约合作开发。全部采用美、日、英等国进口设备采掘，实行全方位现代化管理。是当时世界上最大的露天煤矿。

1
―
2

① 煤矿局部
② 平朔安太堡露天煤矿

金融商贸建筑

晋北实业银行右玉分行旧址

位于右玉县右卫镇南大街。晋北实业银行为日伪创办，总行设在大同。民国二十六年（1937年）日军侵占右玉城后，将商人黄念祖的房屋改为晋北实业银行右玉分行。分行营业厅为西式风格建筑，门额阴刻楷书“晋北实业银行右玉分行”，厅内存有柜台和隔扇等。是日本对华经济侵略的罪证。

晋北实业银行右玉分行旧址

祥记货栈

位于太谷县明星镇太纺社区居，地处南同蒲铁路线南侧。民国八年（1919年）孔祥熙开办祥记公司。民国二十三年（1934年）建货栈，用于煤油、汽油等物资的中储转运。旧址坐北朝南，占地5843平方米。现存北库一座，西库两座，接待室一座。北库前后辟拱形仓门，后仓门嵌“祥记货栈”青石门匾，库内保存有当时货架和储油池等。该货栈是研究山西近代商业史的重要资料。

① 北库
② 接待室

安集祥记当铺

位于汾西县团柏乡下团柏村西部。民国时期建筑。据房主介绍，原先为当铺，二门额题“安集祥记”，应是当铺名号。坐西向东，占地313.7平方米，四合院布局。现存商铺、正窑和北窑。商铺五间，中间辟门，次、稍间设窗，内置柜台。前墙高耸，三角顶壁。门窗和顶壁饰各式砖雕。商铺造型具有明显西式风格，而砖雕图案则为中国传统题材。大门额题“安居福地”。

1 2/3 ① 安集祥记当铺
② 砖雕
③ 二门额题

宁丰号商铺

位于洪洞县大槐树镇常青四村时合路南端路东。坐东面西，占地426.9平方米，为典型前铺后宅四合院布局，民国时期建筑风格。现存商铺为砖木构二层楼房，面宽五间，单坡硬山顶，一层中间辟门，门上方雕“宁丰号”匾额。正房三间，东西厢房各五间，均为砖木构二层楼阁式建筑。

1 | 2
3

① 宁丰号匾额
② 正房
③ 宁丰号商铺

榆次晋通花店

位于榆次老城富户街。民国二十年（1931年），阎锡山发动各县集资，在太原等地开办晋裕号，各县设分号。民国二十一年（1932年），阎锡山批准投资30万元在榆次富户街设立分号，名为晋通花店，以经营棉花为主要业务，为当时著名的棉花经营场所。晋通花店建筑保存完整，主体为砖木结构。始建年代与创建人不详，现存建筑为民国时期所建，2003年重修。坐北朝南，二进院落布局，中轴线由南往北依次为正门、过厅、正厅，两侧为东西楼。正门正立面为仿欧式风格水泥外墙装饰，二层楼阁，单坡顶。整体建筑高大规整。

1 ① 内景
2 ② 外景

横水供销社旧址

位于绛县横水镇横北村与横东村之间的横水老街西部。1950年建，坐东南向西北，占地288平方米。横水镇是绛县连接闻喜、侯马、垣曲等县市的商业重镇，该供销社在20世纪50～70年代对繁荣地方经济发挥了重要的商业主渠道作用。旧址地处十字街口，建筑平面呈“L”形，共12间，东南拐角三间为门厅，门厅前墙依地形呈弧形，顶壁高耸，壁面题刻“为人民服务”、“面向工农”等标语。

① 横水供销社旧址
② 门厅

古交信用社旧址

位于新绛县古交镇上院村西。1965年建。农村信用合作社始于建国初期，是为社员提供金融服务的农村合作金融机构。旧址坐北朝南，占地面积310平方米。现存营业厅和职工宿舍，以营业厅的造型装饰最富特色。砖砌中西合璧前墙，门额刻“为人民服务”，顶壁雕五角星，窗额刻“团结、紧张、严肃、活泼”。保留了鲜明的时代印记，是研究我国早期信用合作社发展变迁的范例。

古交信用社旧址营业厅

道生明药铺

位于平遥县城内城隍庙街。创办于清末。原系日升昌分号掌柜段瑞林的产业，位于北大街，后由兴隆义布庄老板赵大第购得，迁到现址，与自办的金兰堂合并，字号仍为道生明。1956年公私合营后“道生明”招牌沿用，是平遥唯一仍在经营中的药材老字号。

1 | 2/3
① 道生明药铺
② 柜台
③ 门楼

水利设施及附属物

西杨大队迎丰渠

位于曲沃县史村镇西杨村杨家院东北100米沟壑上。1961年，史村公社为解决农田灌溉缺水问题修建此渠。渠源为浍河水库，东西走向，水泥青砖砌筑，九孔渠墩。现存渡水桥全长49米，宽1.5米。渠槽中部刻“西杨大队迎丰渠”。南北面分刻有“自力更生，艰苦奋斗，奋发图强，勤俭建国，支援世界革命”、“鼓足干劲，力争上游，多快好省地建设社会主义”。

1 ① 标语
2 ② 西杨大队迎丰渠

桑家会渡槽

位于方山县圪洞镇桑家会村南。1966年为了给下游的潘家坂等村农业灌溉输水而建。渡槽为石砌，南北走向，长50米，宽2.1米，通高7米。渡槽中部嵌刻“伟大的领袖，英雄的人民”标语。

1 ① 桑家会渡槽
2 ② 题词

西掌水池

位于陵川县附城镇西掌村东。1970年开工，1971年建成。水池为圆形，青石筑池，红砖砌墙，水池大门题刻最具特色。顶壁刻饰五角星和“为人民服务”；门额“毛泽东思想胜利万岁”，门柱“红太阳千秋永照”、“毛主席万寿无疆”。两侧刻毛体手书“工业学大庆，农业学大寨，全国学人民解放军”和“鼓足干劲，力争上游，多快好省地建设社会主义。”

西掌水池

大禹渡电灌站

位于黄河北岸的芮城县大禹渡村南，为黄河大型引水工程。1970年修建。工程以一级站采用移动式泵车抽水，可随黄河水位上下变化而滑动；经两厢沉沙池将黄水澄清上垣。二级站单级扬程高193.2米。为黄河沿岸农业灌溉工程中扬程中典型样式，灌溉面积已达19067公顷。开创了单级扬高过百米的先例。大禹渡电灌站已成为水利和旅游相结合的人文景观。

1 | 2 / 3

① 扬水工程
② 曹庄渡槽
③ 沉沙池

文化教育建筑及附属物

西谷学堂旧址

位于清徐县西谷乡西谷村。由乡贤崔毓绪于清宣统二年（1910年）创办。初期为初等小学堂，民国时期增办高小班。坐北朝南，四合院布局。房屋主体为中式结构，门窗多采用西式做法，是中西合璧建筑的典型实例。

1 | 2/3

① 西谷学堂旧址
② 大门
③ 校舍

① 东办公楼
② 钟楼

普润中学旧址

位于洪洞县城东北玉峰山上。占地面积7万平方米。据《洪洞县志》载，是内地基督教会创建的教会学校，是洪洞新式教育的发端。清光绪三十年（1904年）筹建，民国元年（1912年）动工，民国七年（1918年）竣工，民国三十年（1941年）年停办。现存主要建筑有钟楼、餐厅和7栋楼房。学校开办期间，培养了大批人才，也是近代山西传播共产主义的主要活动地。

川口两级高等学校旧址

位于交口县石口乡川口村，创建于民国十七年（1928年）。坐北向南，占地1632平方米。由康城下仙村韩新田设计建造，四合院布局，中西合璧建筑风格。照壁和大门保持了初建时原貌，门楼上三座三角尖壁代表“三民主义”，门洞顶部有国民党党徽，校名门匾内容已改变。

川口民国两级高等学校旧址

槐荫两级学校

位于五台县东冶镇槐荫村。是国民党晋绥军将领赵承绶民国二十三年（1934年）为家乡兴建。校舍建于三层平台之上。一层为石券窑洞，二、三层为砖构瓦房，二层门匾题写“槐荫两级学校”。建筑恢宏大气，结构坚固，至今沿用。

1 2
3

① 槐荫两级学校
② 礼堂
③ 教工宿舍

昔阳县立第二高等小学校

位于昔阳县东冶头镇东冶头村北。坐北朝南，占地825平方米，创建于民国年间。现存校门和3栋房屋。校门为砖砌四柱牌坊式，中部为拱券门道，青石门匾，刻“昔阳县立第二高等小学校”。是现存较少的民国小学实例。

1 ① 校名匾
2 ② 校门

潞城县人民大礼堂

位于潞城市府前街广场北侧。始建于1952年，仿苏建筑风格，是当时潞城县城的标志性建筑。现存礼堂主体建筑和院门完整保留了昔日风貌，礼堂集中体现了建筑和工艺的时代特色，历经半个多世纪，仍是全市政治文化活动中心。

① 潞城县人民大礼堂
② 院门
③ 碑记

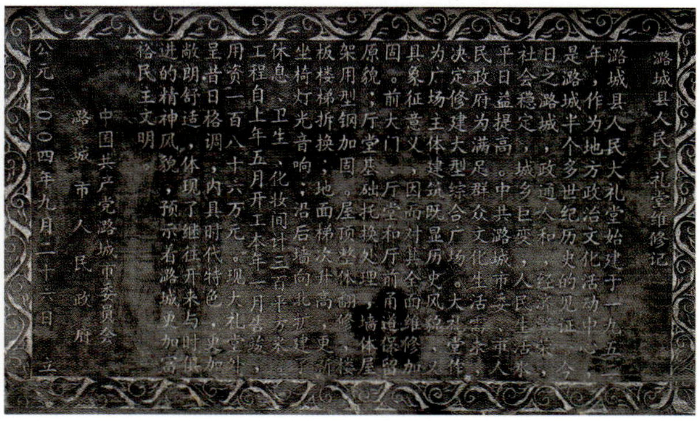

① 门匾
② 下韩村乡完全小学校旧址

下韩村乡完全小学校旧址

位于浑源县下韩乡下韩村中。民国三十五年（1946年）建。校址坐东朝西，占地754平方米。现存校门和两排校舍，为砖木结构。校门为八字影壁，中辟拱券门洞，山字形墙。顶端刻五角星，下方砖雕“下韩村乡完全小学校”门匾。是抗战结束后恢复初等义务教育的见证。

史惠庄戏台

位于河津市赵家庄乡史惠庄学校内。坐南朝北，占地面积71平方米。系在清建戏台的原址上重建，使用了许多原戏台木构件。梁脊板题记："抗战胜利敌寇投降全村民众共同努力创建斯楼以志庆祝"、"民国三十八年(1949年)创建"。面宽三间，进深四椽，单檐硬山顶，砖砌台基。戏台建于新中国成立前夕，是时代最晚的传统戏台实例。

① 史惠庄戏台
② 梁脊板题记

北社革命会堂

位于高平市建宁乡北社村，建于1957年。为砖木构仿苏二层建筑。会堂前墙顶部呈山峦状，砖雕钟表、国徽、五星等图案，正墙门窗上方砖雕“勤俭办社”等匾额。造型独特，装饰精美，时代特征明显。

① 前墙顶部
② 北社革命会堂旧址

太原工人文化宫

太原工人文化宫(南宫)位于太原市迎泽大街。1958年建成，是“一五”期间太原市十大建筑之一，自建成以来一直是省、市重大会议和重要活动的主要场所。仿苏建筑风格。平面呈“工”字布局，俯视如正在起飞的飞机。楼层错落有致，主辅分明，气势宏大。具有鲜明的时代特色。

1
2 | 3

① 太原工人文化宫
② 柱子装饰
③ 外墙葵花雕饰

平居完小

位于陵川县杨村镇平居村。1963年为了提高农村文化教育水平，开展扫盲活动而建立的学校。校址坐北朝南，现存仿西式砖混二层楼房一栋，面宽七间。一层中间设门。顶部中央题刻“平居完小”。

平居完小

西张大队毛泽东思想大学校

位于霍州市西张村中。1967年建。是大队革命委员会专门修建的办公和政治学习场所。现仅存门楼和办公楼。办公楼塌毁严重。砖砌门楼水泥抹面，门楣上下分别浮雕“革命委员会好”和“西张大队毛泽东思想大学校”。

① 校门
② 门额

城西人民舞台

位于临猗县庙上乡城西村。占地561.6平方米，建于1967年。由驻村天津知青设计，舞台与礼堂相连，舞台设东、北两个台口，东台口面向礼堂，北台口面向广场，集广场和礼堂功能于一体。台口装饰华丽，内容以“文革”时期流行的各类标语口号及革命样板戏为主。舞台设计精妙，构造独特，装饰精致，政治色彩极其深厚，是具有鲜明时代特色的“文革”舞台范例。

1 2 3 4
① 城西人民舞台
② 东台口（礼堂主席台）
③ 檐角飞机装饰
④ 顶部装饰

南庄礼堂

位于平定县巨城镇南庄村。1968年建。坐北朝南，砖结构仿苏式建筑。大门六柱五面，水刷石罩面。明间顶壁正中镂雕五角星，周边浮雕谷麦穗及毛泽东选集图案；下方刻毛体“万山红遍”匾额，落款“公元一九六八年六月十二日”，次间顶壁浮雕葡萄花卉图案。

1 | 2 / 3

① 南庄礼堂
② 礼堂内部
③ 顶部装饰

万山红遍

上义舞台

位于阳城县次营镇上义村中，1968年建。舞台坐南朝北，砖木结构。舞台后部两侧连接妆楼，为前台后楼结构，妆楼硬山顶和台口悬山顶呈“T”形衔接。台口顶部装设木板，正中彩绘向日葵环拱的毛主席军装像，东侧绘党旗，西侧绘国旗。

1 ① 顶部绘画
2 ② 上义舞台

① 段店舞台
② 梁架题记

段店舞台

位于临汾市尧都区段店乡段店村委会院内。大梁题记：为响应伟大领袖毛主席独立自主、自力更生的号召而兴建政治舞台一座。段店大队及全村700人民在新中国成立20周年之际修建此舞台。舞台占地面积2056.3平方米。坐西向东，砖木结构。台口正上方为毛主席塑像，下为三面红旗，上书“毛主席万岁”，左右侧各书“提高警惕”、“保卫祖国”的标语。台口左塑有“李铁梅、白毛女、杨子荣”塑像，右侧塑有“工农兵”塑像，具有很强的时代特征。

长治八一广场观礼台

俗称“主席台”，位于长治市城区太行西街八一广场北端。坐北朝南。1969年为庆祝建国20周年修建。观礼台与两侧楼和后楼组成“品”字形，砖混结构。台边设围栏。楼顶立“毛泽东思想万岁”美术字牌。观礼台后墙正中悬挂毛主席画像。观礼台建成后，至今一直是长治市举行群众集会活动的主要场所，也是长治市标志性建筑之一。

① 观礼台楼体
② 观礼台

大同展览馆

位于大同市西门外广场北侧，1969年建。整体钢筋混凝土结构，主体四层，两翼三层，三面入口均设高阶柱廊。外墙书有“中华人民共和国万岁”、“世界人民大团结万岁”等标语多处，极富时代特征，是大同市标志性建筑之一。

1/2

① 大同展览馆
② 展览馆夜景

医疗卫生建筑

槐荫承致医院

位于五台县东冶镇槐荫村。医院系国民党晋绥军将领赵承绶于民国二十三年（1934年）年为家乡兴建，供村人免费就医。是山西创建较早的民办医院之一。医院坐北向南，依自然地形建上下两院，现存上、下院石窑和倒座。倒座和下院中部辟门，二门内有石阶通往上院，门外设抱厦。

1/2
① 倒座
② 二门

解放军第四野战医院旧址

位于新绛县三泉镇白村北部周家堡南端。1947～1949年，解放军第四野战医院部分伤病员曾在此疗伤，新中国成立前夕迁回西安。旧址坐北向南，占地面积253.2平方米，四合院布局。现仅存西厢房明间和北次间。前墙有“为伤员而服务”的标语及“表扬、批评”专栏。

解放军第四野战医院旧址

军事建筑及设施

榆树峁军火制造遗址

位于太原市万柏林区王封乡榆树峁村炉上沟。该地区盛产煤炭、铁矿石等原料，沟内全部为“炮子”（军火使用的火石与硫黄混合物）生产地。遗址三面环山，分布面积4897.92平方米。现存有烧制炮子用的熏窑两孔及煤窑、炼铁场、废渣场等。

① 榆树峁军火制造遗址
② 熏窑
③ 熏窑内部
④ 废渣场

太原北飞机场旧址

位于太原市尖草坪区太原钢铁有限公司厂区中北部。民国十二年（1923年），阎锡山主持修建，主要为军事服务。初为单行跑道土质简易飞机场，抗战时期扩大。现存飞机库4座，碉堡1座。飞机库东西设双向推拉门，南北排列。碉堡平面呈不对称“十”字形，俗称梅花碉，分三层，每层设射击口。是研究山西近代军事史的重要实物资料。

1 | 2
3

① 飞机库
② 梅花碉
③ 原北飞机场旧址

太原侵华日军军营旧址

位于太原市青年东街两侧。是1937年太原沦陷后在迎泽门外驻守日军的营地。旧址现存军官驻地为砖木构二层楼房一栋，军官家属住所二排四栋，日军兵营二排十七栋。比较清楚地反映了当时日军的驻扎情况，是日军侵华的重要罪证。

1/2 ① 营地房屋
② 旧址鸟瞰

人祖山碉堡群

位于吉县文城乡上曹花坪村人祖山。此地山势险峻，是扼守吉县的制高点。1938年，为防御日军进犯，当地驻军在人祖山各山头修筑了许多碉堡。从现存遗迹看，碉堡有圆碉和方碉两种，有主碉与辅碉之分，是防御能力较强的军事防御工事。

① 主碉和辅碉
② 圆形主碉
③ 方形碉堡

大斗沟日军煤矿管理人员居所

位于大同市矿区大斗沟店新街。是1938年大同侵华日军为大斗沟煤矿的日籍管理人员修建的住所。居所现存石砌窑洞房2排各8孔。是日军侵华和掠夺我国矿产资源的铁证。

① 后排窑洞
② 居所远景

太原侵华日军军部大楼旧址

位于太原市校场巷。据嵌于主楼南墙的《定础》和《工事概要》碑碣记载，大楼始建于1940年。平面形状为繁体的“亚”字，隐含了日本侵略者妄图称霸亚洲的野心。军部大楼是侵华日军在山西实施军事侵略和实行法西斯统治的历史见证。

2 | 3
1

① 太原侵华日军军部大楼旧址
② 1940年《定础》碣
③ 1940年《工事概要》碣

交通道路设施

阳泉火车站旧址

位于阳泉市城区德胜街中段。坐南朝北，占地684平方米。清光绪三十年（1904年），法国银行公司承办修筑山西第一条铁路——正太铁路，清光绪三十二年（1906年）建阳泉站，次年正式通车。阳泉建站后，山西保晋公司在这里办铁厂，建煤矿，开山西近代工业之先河，阳泉从此逐渐由荒滩变成商贸中心集镇，进而发展成为晋东工业重地、煤炭基地、交通枢纽和政治、经济、文化中心。车站主体为砖混欧式建筑。建筑造型精美，是山西现存最早的火车站。

1 | 2 / 3

① 阳泉火车站旧址
② “全心全意为人民服务”标语
③ 钟楼

全心全意為人民服務

蒲州火车站

位于永济市蒲州镇蒲州村东南1千米，占地2000平方米。建于民国二十五年（1936年），名为“永济站”。1950年苏联援建候车室及附属建筑设施。初建为1米窄轨，1956年改为1.435米标准轨。1957年更名为“蒲州站”。蒲州火车站曾是同蒲线上南北物资调运和客运的重要枢纽。候车室俗称票房，为典型欧式建筑，北门题名“永济站”，南门题名“蒲州站”。

1 / 2 | 3
① 蒲州火车站
② 站台
③ 站牌及铁道线

迎泽大街

迎泽大街东西横贯太原市中心区。东起太原火车站，经迎泽大桥跨越汾河，西抵南寒。全长10千米，宽70米，由迎泽东大街、迎泽大桥、迎泽西大街三部分组成。迎泽大街系由太原古城南垣外的一条古道拓建，途经古城规模最大的城门“迎泽门”（即大南门），故以城门命名。迎泽大桥始建于1954年，是当时中国城市过河桥梁中最宽的大桥。迎泽大街始建于1956年，是太原市的标志性建筑，在太原市的城市发展史上发挥了极其重要的作用。

1 ① 迎泽大桥
2 ② 迎泽大街

右玉汽车站

位于右玉县右玉老城南关路东。建于1958年。占地5107平方米。车站坐东向西，前站后院。候车室门额有公路徽标与“汽车站”额题。外墙有“继承毛主席遗志”、“听从华主席指挥”、“工业学大庆”和“农业学大寨”等标语。具有浓郁的时代风貌。

1
2 | 3

① 候车室
② 右玉汽车站
③ 停车场院门

锡崖沟挂壁公路

位于陵川县城东南晋豫两省交界处的锡崖沟村。1962年，为了冲破闭塞、走出大山，发展经济，改善生活，锡崖沟全村800余人用30年时间，在北部的王莽岭绝壁上凿出一条明暗相间、全长7.5千米的公路，公路沿山壁上曲折三叠，呈“之”字形攀上山顶，因路段悬于绝壁山腰，故名“挂壁公路”。锡崖沟挂壁公路的开凿，体现了锡崖沟人民自力更生、改变贫困面貌的信心和勇气，更表现出他们惊人的毅力和创造力。

1 ① 人工隧道
2 ② 锡崖沟挂壁公路

风陵渡黄河铁路大桥

风陵渡黄河铁路大桥

位于芮城县风陵渡镇赵村南1千米。1966年3月开工，1970年10月1日正式通车。大桥为钢筋混凝土桥墩，共24孔，长1196.6米，宽4.8米，高344.8米。桥身为钢梁结构。大桥为东北－西南走向，北通风陵渡火车站，南经潼关至孟津与陇海铁路接轨，是沟通华北与西北的重要桥梁。

右玉反帝大桥

位于右玉县右玉老城西南1.5千米处苍头河上。南北走向，全长175米，桥面宽7米，占地面积1225平方米。钢筋混凝土结构，10孔弧形拱式桥洞，桥两端4根水泥栏柱正、侧面分别刻有“反帝大桥、中国共产党万岁”和“毛主席万岁、一九七〇年五月五日建”。彰显时代特征。大桥至今仍是右玉县公路桥梁交通主干道。

$\frac{1}{2}$ ①“反帝大桥”题铭
② 反帝大桥

太旧高速公路

太旧高速公路西起太原武宿，途经晋中、阳泉腹地，东至平定旧关，是交通部“八五”公路建设重点项目之一，1996年6月建成通车。是山西的第一条高速公路，也是全国最早进入山岭重丘区的高速公路。路段全长140.7公里，为双向四车道。太旧高速公路是山西出省的主要通道，对振兴山西经济具有重要意义。

1 | 2 / 3 / 4

① 太旧高速公路武宿立交桥
② 太旧高速公路旧关出口
③ 太旧高速旧关段
④ 太旧高速公路武宿入口

典型风格建筑或构筑物

力芳进公和尚灵塔

位于五台县台怀镇车沟村东约400米。喇嘛式砖塔，塔通高约7米。建于民国三十年（1941年）。塔基六边形，每边长2.3米，高约3米，每面辟龛，塔身为覆体式，高约3米，上设十三天，宝珠式塔刹，十三天雕作波浪式，形制较为少见。

1 | 2 / 3 | 4

① 力芳进公和尚灵塔
② 塔刹
③ 仿木斗拱
④ 塔铭

米庄“忠”字影壁

位于大同市南郊区米庄村中心。“文革”期间盛行向毛主席致敬和表忠心的活动，许多地方为此修筑了专门的建筑设施，俗称“主席台”。1966年建。坐北朝南，由三座砖砌照壁组成八字形影壁。正壁较东西两壁更为高宽。影壁基座浮雕标语，正壁：“全心全意为人民服务”东西两壁：“团结紧张”、“严肃活泼”。东西壁基座前端各雕一“忠”字。米庄“忠”字影壁留下了深深的“文革”印记。

1 | 2
3

① 影壁基座
② “忠”字
③ 米庄“忠”字影壁

玉奎堡“忠”字照壁

位于左云县张家场乡玉奎堡村中部路口。1968年建。照壁为砖砌，基座较高，主壁和两侧联柱呈“凸”字形。壁心彩绘毛主席立像，联柱刻毛泽东诗句“为有牺牲多壮志，敢教日月换新天”。基座上层雕刻“毛主席万岁”和“忠”字；下层雕“农业学大寨”标语和向日葵图案，时代特征显著。

玉奎堡“忠”字照壁

山西大学毛主席塑像

位于太原市小店区坞城路山西大学内。由山西大学艺术系教师王怀基1967年创作，1969年落成。塑像为方基方座立身像。通高12.26米，代表主席诞辰日；像高5.7米，寓指毛主席在“文化大革命”中向全国工农商学兵、服务行业、党政机关发出的“五七”指示。主席左手背后，右手挥举，目视远方。塑像材料为艺术系师生自创，是用白水泥、红水泥和黑沙石搅拌成的胶混材料，至今无开裂和褪色情况。

山西大学毛主席塑像

其他近现代重要史迹及代表性建筑

徐氏宗祠

位于五台县建安乡大建安村西。始建于民国十七年（1928年），民国二十三年（1934年）竣工，1958年、1985年、2002年有过维修。坐北朝南，一进两院，正南有高大照壁一座，左右仪门各一座。大门面宽三间，进深四椽，单檐硬山顶，中置板门一道，走马板书“徐氏宗祠”。前后院左右厢房各三间，均为单檐硬山顶。前后院之间设单檐悬山顶垂花门一座，正厅面宽五间，深四椽，前设单檐卷棚歇山式抱厦三间。

1 | 2
3

① 外门
② 内院正堂
③ 徐氏宗祠

翻身纪念碑

石末翻身纪念碑

位于高平市石末乡石末村中。1945年6月，太岳区军民解放了高平，随即开展了土地改革运动，石末村人民迎来大翻身。经过一年时间的筹建，在1946年农历七月初九的庙会日，全村民众合立“翻身碑”，并将这天定为“翻身纪念节”。碑亭前柱刻“想从前独裁专制血泪不干难活命，看现在民主自由说理树根把身翻。”檐下嵌“大翻身”匾额。碑高2.4米，宽0.73米，厚0.25米。碑首正背面刻 “减租清债反奸运动”和“大生产”图。碑文控诉了当地反动派的罪行,表达了对共产党、八路军的感激之情。

北董邮电所旧址

位于曲沃县北董乡北董村东西大街路北。1953年，为方便当地人民的通信往来，曲沃县邮电局设立了三个代办所，该所即其中之一。旧址坐北朝南，为砖木结构瓦房三间。门额题刻“北董邮电所”，上方刻五角星图案。时代特征明显，是新中国早期乡村邮电所的实例。

① 顶部额题
② 北董邮电所旧址

汾阳岭大队部旧址

位于襄汾县汾城镇汾阳岭村。1958年建。占地236.1平方米。现存大门一座、办公房两栋。门额砖雕“汾阳岺大队”，拱形门框砖雕毛泽东于1958年提出的“土肥水种，密保管工”农业八字宪法。汾阳岭大队部建筑政治色彩浓郁，是人民公社运动初期的典型大队部遗存。

1 | 2 ① 大门
② 大队部办公室

后桑壁水窖

位于永和县芝河镇后桑壁村东南，创建于1960年。水窖依自然山泉而建，坐东南向西北。主体建筑为片石券砌的窑洞孔，洞内方池泉水充盈。窑门上方嵌砂石质匾额一方，楷书阴刻：“祝毛主席万寿无疆”。水窖建造虽陋，但广大人民群众对毛主席的爱戴之情尽显于方寸之间。

1 | 2 | 3

① 后桑壁水窖
② 水窖清泉
③ 门匾题刻

过远新兵入伍宣传画

位于永济市栲栳镇过远村侯随堂家北房后檐墙上。1963年，由原永济市蒲剧团布景师郑邦建绘制。面积11.6平方米，白底彩绘，有人物13个，右侧墨题“欢送新兵入伍”。画面展现了当时村民扶老携幼、提篮送蛋、敲锣打鼓热情欢送两名戴花骑马新兵入伍的场景，充分反映了百姓拥军、参军的高涨热情。绘画技法娴熟，画面生动逼真，具有时代特色。

① 过远新兵入伍宣传画
② 过远新兵入伍宣传画局部

大寨

位于昔阳县大寨镇大寨村。自20世纪60年代起，昔阳县大寨村人民在陈永贵的带领下，发扬自力更生、艰苦奋斗的革命精神，发展生产，战天斗地，改变落后面貌，取得了许多建设成就，大寨成为全国农业战线的一面红旗和全国学习的典范。

大寨梯田：位于大寨村虎头山西坡，面积约700余亩。大寨人在种植条件极差的七沟八梁上，以艰辛的努力，将跑水、跑土、跑肥的“三跑”田，改造成土层厚、团粒结构好的保水、保土、保肥的“海绵式”高产梯田。

虎头山水利设施：位于大寨村虎头山上。由水渠、蓄水池、渡槽、喷灌滴灌等设施组成了一套完整的节水型农业灌溉体系，是大寨诸多水利工程中的典型代表。

大寨民居：位于大寨村前头沟和谷屯园。分布面积约 6.9 万平方米，是大寨村20世纪60年代首批建造的民居区。这种公寓式的集体居舍，体现了当时集体化时代大寨人的思想观念和思维方式。

2
1 3 4
5

① 大寨村
② 团结沟渡槽顶部
③ 大寨狼窝掌梯田
④ 大寨人民公社旧址
⑤ 团结沟渡槽

向阳村

位于浑源县千佛岭乡小道沟。1964年全国兴起“农业学大寨”运动。1966年，该村支部书记王田富带领群众，学习大寨，建设新村。在抢风岭阳面坡上，就地取石，依山建石窑4排8栋。建成后，村民全部迁往新村，取名“向阳村”。村庄坐北朝南，分布面积约3800平方米。前排窑房存有“毛主席万岁”等流行标语。

向阳村

杜家山知青点

位于晋中市榆次区庄子乡西河村杜家山自然村中部。1966年12月，北京长辛店铁中高二女生蔡立坚串联至杜家山，决定留下务农，1968年4月22日《人民日报》刊登此事，发出知识青年下乡运动的先声。年底，毛主席发出指示，全国知识青年上山下乡运动达到高潮。分布面积约1万平方米，现存建筑均为知青所建，1971年建宿舍，1972年建知青食堂， 1976年建石窑。石窑前墙刻“广阔天地，大有作为”。

① 石窑
② 知青宿舍
③ 知青食堂

七〇七二粮库

位于新绛县万安镇西马村西南1.5千米大雁沟内。1970年，新绛县政府响应毛主席“深挖洞、广积粮、不称霸”号召，兴建此库，1972年投入使用，1973年和1975年进行了扩建。粮库占地11.2万平方米。依自然地形沿黄土断崖挖筑窑库，围建库院。库区由10孔窑洞库、一个器材库、办公院和职工宿舍组成。东南门为人行通道，西北门专为运粮车辆通行。粮库选址隐蔽性和保密性极强，构筑科学，是全县唯一的战备粮库。

1 | 2/3
① 七〇七二粮库
② 粮库南门
③ 粮库内部

其他

刘村石碾

位于襄汾县新城镇刘村。据碾盘上纪年可知石碾为刘一虎置于清乾隆四十三年（1778年）。石碾由碾子、碾盘组成，石质为石英岩。对研究晋南农业生产方式和民俗风情有重要的价值。

① 题记
② 刘村石碾

白石沟葡萄园

位于清徐县马峪乡迎南风村北的白石沟内。清徐县是全国著名的四大葡萄产地之一，葡萄种植历史悠久，该地区的葡萄种植始于明末。现有百年以上的树王二十余株，品种为龙眼葡萄，其中一株“千年葡萄树王”，栽培至今约996年，占地近一亩，单株产量逾千斤，曾获山西省农业博览会金奖。该葡萄园的发现，是研究我国古代葡萄种植首次使用压发条技术的实物资料。

① 明代葡萄树王
② 白石沟葡萄园

偏关黄河老牛湾文化景观

位于晋蒙交界处的偏关县境内。明代成化三年(1467年)开始在此兴建边关防御设施，屯兵镇守。现存长城、古堡、敌楼、村落与黄河渡口等共同构成了大气磅礴的自然与人文相辉映的文化景观。

1 | 2
  | 3
4

① 黄河老牛湾文化景观
② 军堡
③ 民居石窑
④ 黄河老牛湾段

文瀛湖文化景观

位于太原市海子边文瀛公园。自明代开始，历为明清贡院和近代学堂所在地、山西民主革命活动地和中共山西党团组织诞生地，公园经历文瀛、中山、新民、民众、人民、儿童等更名衍替，逐步形成了遍布文物古迹的环文瀛湖文化圈，是集文化汇聚、传统教育、民俗风情、经济集散于一体的大型文化景观。

① 劝业楼（孙中山纪念馆）
② 山西人民革命纪念碑
③ 省立一中旧址
④ 状元桥
⑤ 文瀛湖文化景观